レムリアの真実

シャスタ山の地下都市テロスからのメッセージ

TELOS Vol.1

Revelations of the New Lemuria

by Aurelia Louise Jones

Japanese translation published by arrangement with
Louise Jones, Mount Shasta Light Publishing through
The English Agency (Japan) Ltd.

はじめに

皆さんにレムリアを思い出していただくのは、たいへん嬉しいことで、私たちは期待に胸を膨らませています。レムリアの思い出は、これまで忘れ去られたように見えてきましたが、皆さんのハートの中で生き続け、ついに、今この瞬間に到達しました。テロスでは、皆さんのハートと私たちのハートをつなげて、この二つの文明社会の統合を援助することを光栄に思っています。

テロスから皆さんにたくさんの愛を送ります。テロスでは、この神聖なエネルギーはたいへん豊富に流れています。私たちと再会する日まで、真実の愛を目指して、愛することを実践しつづけてください。真実の愛は、自分自身を愛することから始まります。父なる／母なる神の愛が貴重な宝石やさまざまな形で現われるように、お互いに、そして万物の間で、皆さんのハートが愛に満ち溢れますように！　私たちのハートの中で、皆さんを愛情込めて抱きしめます。

――アダマ、ガラティア、アーナーマー

献辞

この本を、ベールの向こう側から人類とこの惑星のアセンション（次元上昇）を助けている次元上昇したマスター全員に捧げたいと思います。とくにロード・マイトレーヤーと、ロード・サナンダ、聖ジャーメイン、エル・モリヤ、クァン・イン（観音）、聖母マリア、クツミ、大天使ミカエルに。そして私たちの魂がさらなる叡智と理解を得るために、無限の愛と忍耐をもって、進化の土台を提供している母なる地球にこの本を捧げます。また、大いなる愛と忍耐をもって私に接してきてくれたテロスの大神官アダマと、テロスにいる私のレムリアの家族全員に、深い愛と感謝の気持ちを表したいと思います。

謝辞

次の方々に感謝申し上げます。

この人生で常にそばにいて、愛と理解、援助の手を差しのべてくれた、姉のヘレンと弟のガイ、そして彼らの家族に。レムリア時代のかつての弟であるトーマスに、そしてベールの向こう側から、今も私を手助けしてくれている私の両親に！　レムリアの家族が出現するために大いなる愛と一身を捧げて共に働いている、テロス・ワールドワイド・ファンデーションの全員に。

レムリアの兄弟姉妹に深い感謝を捧げます。彼らは、私たちが霊的に成熟して、アセンションの炎のエネルギーを私たち自身で保てるようになるまで、この惑星のために、そのエネルギーを保ってきてくれました。最後に、とくにレムリア沈没時に物理的に別れて以来、テロスに留まって、私が戻るのを辛抱強く待っている我が最愛のツインフレームたち、アダマとアーナーマーを讃えたいと思います。アダマとアーナーマーは、私が地上で旅してきた長い間にわたって、向こう側の王国から、常に私に愛を送り、励ましてくれました。深い愛を込めて、ハートが表現できる最大限の感謝を二人に送ります。

オレリア・ルイーズ・ジョーンズによる序文

あなたはやがてシャスタ山に引っ越して、この惑星での使命のために大きな舞台の場を準備するでしょう――数年前、モンタナ州に住んでいたときに、あるチャネリング・セッションでロード・サナンダ（彼は、地上における最後の転生で、主イエスとして知られています）からこう告げられました。

その数カ月後の一九九七年二月に、テロスの大神官であるアダマから、私のパソコンにEメールでメッセージが届きました。レムリア人との使命を準備するためにシャスタ山に引っ越して来ませんか、というお誘いでした。そのメッセージは十二行から十五行ほどで長くはありませんでしたが、「独特の雰囲気」を醸し出していました。さらに、素晴らしい愛のエネルギーの波動も発していました。そのときの私の驚きは、とても言い表わすことはできません。私は驚くと同時に、ずっと再会を夢見てきた人たちからメッセージをもらったことに、非常に興奮しました。それからシャスタ山へ移る計画を徐々に立てはじめ、その一年後の一九九八年六月に、全財産と家族である猫たちを連れて、ついにシャスタ山に到着しました。

引っ越しから三年後、私は失望して気持ちも沈んでいました。とても強烈な通過儀礼を続けて受けたと感じたのですが、レムリア人からはまだ何の連絡もありませんでした。彼らは私を無視しているのかもしれない、または私の「出来が十分」ではないのだわ、と考えはじめました。あるいは、彼らは私と一緒に働くことについて心変わりしてしまったのかも、そうでなければ、私は彼らのテストに落ちたのかもしれない、と思い巡らせました。そのときには気がつきませんでしたが、長期間にわたって、いわゆる「山の通過儀礼」というものを連続して受けていて、内面で使命の準備をしているところだったのです。

ついにある日の午後、思いがけなくも、郵便配達人がアダマからの手紙を持ってきました。手紙には、いまや私の準備が整い、私が意識して彼とともに働く時が来たこと、使命を始める準備が整ったことが書かれていました。それから新たに一連の強烈な通過儀礼を受けたのですが、いくつかはその時点まで開くことを躊躇《ちゅうちょ》していたチャネリング技能に関するものでした。

その数カ月前に再び、ロード・サナンダから、今、この惑星上でアダマの名前が知られるべき時代が来て、まさにそのために、アダマはあなたを通して働きかける選択をした、と告げられていました。ロード・サナンダは、アダマがどんなに畏敬される次元上昇したマスターであるかということにも触れ、言い添えました。「しっかり覚えておきなさい。アダマは些細なことではなく、大きなことを計画している。この惑星に重大なことで、彼の名前が知れ渡るようになる。彼のエネルギーをあなたのエネルギーに深く浸透させて、彼の計画を進めるために自分を準備しなさい」

その時点では、私はチャネリングに関してはまったくの初心者だと思っていました。ですから、恐れや自分への疑いやためらいをかなり素早く乗り越えていかねばならない、そしてチャネリング技術を真剣に向上させなければならない、と理解していました。もはや私には、丘の上に座って流れる雲を眺めている時間がないことも分かりました。その後、あっという間に、アダマをチャネルして文章を書いてください、あるいはアダマとのチャネリングで個人セッションをしてくださいと何人もの人から依頼されるようになっていました。まもなくさまざまな公の場から、アダマのチャネリングに招かれるようになりました。今までに合衆国、カナダ、フランス、スイス、ベルギーを回り、大小さまざまな公の行事で何度も彼をチャネルしてきました。二〇〇四年には、アダマと私は以前に行った場所を再び訪れるだけでなく、世界中の新しい地域にも行く予定です。

これはほんの始まりにすぎないことも、さらに今、レムリア人との使命が進みはじめ、活動の場がより広がっていることも、もう私には明白です。機会が急増しており、私がするべきことは、基本的に自分を活動できるようにしておくだけです。この本のために新しい情報を受け取るのは、たいへん楽しいことでした。将来もさらに新しい情報が来るでしょう。アダマをチャネルするたびに、私はハートの内側で直に彼を感じます。拡大し輝いている彼の愛から温かさと安らぎを感じます。ハートの内側で彼のエネルギーを感じるとき、文字どおり私のハートは歌います。今では、私はアダマを本当に完全に信頼できて、最も愛に溢れた誠実な友人だと思っています。

昨年、テロス市民と直接コンタクトを取り、他の素晴らしい存在とも親しくなりました。また、かつての私のレムリアの家族とも再会しました。その中には、私のツインフレームであるアーナーマーとの意識上でのコンタクトも含まれています。アーナーマーは、レムリア消滅時と同じ肉体を持って、テロスでずっと生きてきました。シャスタ山の周辺のさまざまな地域を歩いて探検していると、私の「レムリアチーム」――彼らは自分たちのことをそう呼んでいます――が、いつも私と一緒にいるように思われます。いまなお五次元に存在する、古代の神聖な遺跡や神殿のあった場所をいくつか教わりました。私たちは多次元の回廊やポータル、エネルギー・ヴォルテックス、妖精の土地への入り口を訪れました。さらに私たちより少し上の次元には、ユニコーンの大家族がまだ住んでいるところもあって、内なる視力が開かれている人たちにはたまに見えることがあります。

彼らが私に教えてくれたのは、まだ地上では誰にも知られていないか、あるいは隠された場所です。適切な波動が私たちの惑星に広がるまで、それらの場所は人目につかないままでなければなりません。地上や地球の内側で発見されるべきことが、私たちの想像できる範囲を遥かに超えてたくさん存在していることも、私は知っています。そのすべてが今、啓示として次第に明らかにされつつあります。

このようなことが私の友人たちを興奮させています。なぜなら、私たちが意識を自分の神性に開いて二元性を手放すにつれて、つまり、どんな種類の害も与えなくなって一なるものを受け入れていくにつれて、新しい世界が私たちのすぐ目の前で繰り広げられていくからです。新しい世界は、私たちがある現実へと目覚めるようになることを、待っています。その現実は常にそこにありました。神からの分離という幻想の長い旅によって、私たちの視界から姿を消していただけです。その世界は、魔法と愛と驚異と素晴らしい多様性に満ちています。大昔に残してきた宝物を、私たち全員が発見または再発見するのは、なんと胸躍ることでしょうか。

レムリア人が戻ってきて、最終的に私たちの中に出て来ることは、長く待ち望んだ「再臨」にも匹敵します。レムリア人は遥か昔に、キリスト意識に到達しています。ですから、私たちにレムリア人を受け入れる準備ができれば、テロスに創り出した楽園の状態を、私たちがこの地上で実現する方法を教えてくれるでしょう。私たちがキリスト意識を完全に体現し、黄金時代を築く手助けをしてくれるでしょう。キリスト意識とは、私たちのハートの内側に常に存在していた神性のことです。私たちという存在に内在するキリストは、この惑星上で日常生活の中にはっきりと現われるようになるでしょう。

アダマより歓迎のご挨拶

親愛なる友人である皆さん、こんにちは。

新しいレムリアの新発見に惹かれているすべての方と愛のエネルギーでつながることは、私たちテロス市民にとって、本当に心からの大いなる喜びであり、胸躍ることです。

テロスのレムリア十二人評議会と、テロスの王と女王であるラーとラーナ・ムー、現在のレムリア文明にいる皆さんのかつての兄弟姉妹全員を代表して、皆さんを一人残らずレムリアのハート、慈愛のハートへと歓迎いたします。私たちは実際にあの壮大な文明を生き残り、地上の人びとと別れてから一万二千年の歳月が経ちました。地上の多くの方がたいへん驚くでしょうが、私たちがカリフォルニアのシャスタ山内部で、実際にとても元気で幸せに暮らしていることを、地球の進化において重要なこの時機に、皆さんに明らかにしたいと思います。

最愛の皆さん、私たちと皆さんの二つの文明社会が再び一つになる時が今、やって来ました。私たちはやがて姿を現わしますが、そのためには皆さんの側で土台を準備することが必要です。この本の主な目的の一つは、その土台を築く手助けをすることです。私たちを隔ててきた非常に長くて暗い夜が、もうすぐ終わろうとしています。近い将来、準備ができた人すべてと、愛と叡智と理解の中で再び一つになるために、皆さんの中に出て来る計画を立てています。

レムリア大陸が沈んでから私たちが学んできたことを皆さんにすべて教えて、テロスで私たちが創った楽園を、皆さん自身の力で創造できるように援助したいと心から強く望んでいます。私たちは皆さんの通る道をつくってきました。高いレベルの霊的な叡智と理解を分かち合うことで、皆さんは私たちの足跡を辿って、私たちより遥かに楽に進めるはずです。皆さんが道を歩くときには、私たちも横に並んで歩きたいと思っています。

私たちの本がいくつもの言語で出版されるのを見ることは、格別に心温まることです。なぜなら、私たちの情報がこの惑星に住むかなり多くの人びとに届くのが分かるからです。他の国に住む大勢の魂は、私たちと、そしてかつてレムリア大陸に住んでいた彼ら自身の一部と、再びつながる準備ができていて待ち焦がれています。この本に惹かれる多くの人の昔の家族が、テロスや現在のレムリアに生きています。あなたの家族や友人は、あなたをたいへん愛していて、再会することを熱望しています。テロスでは、昔の家族が地上にいる多くの者が、地上に出たときに円滑にコミュニケーションできるように皆さんの言語を学んでいます。

親愛なる皆さん、この本の内容をぜひハートで受け止めてくださるようにお願いします。そして二つの文明社会の間に、愛とコミュニケーションの懸け橋をつくることを意識してくださるようお願いします。皆さんのハートから私たちのハートへ愛と受容の橋を架けると、私たちをもっと現実感ある存在として知覚しやすくなるでしょう。あなたが応えてくれるのを待っています。ハートの中で、私たちを呼んでください。そうすれば、私たちはあなたのところへ行って、「合一と一なるものの歌」を耳元で囁き、歌います。私たちは一丸となって皆さんの勝利を護ります。皆さんが目標とハートの願望に向かうときには、いつでも喜んで手伝います。

私はアダマ、皆さんのレムリアの兄です。

テロスの大神官アダマ

レムリアの真実——目次

第Ⅲ部　さまざまな存在からのメッセージ

第I部

レムリアの系譜

神聖なる存在として
完全な意識に戻るために、
どうしても今すぐに
主導権をハートに
取り戻すことが肝要、
そしてふたたび
ハートに指図させること、
マインドに任せてはいけない。

——アーナーマー

第1章　シャスタ山と地下都市テロス、レムリアについて

「魔法の山」――オレリア

シャスタ山は、シエラネバダ山脈最北の雄大な山です。オレゴン州との境界線から五〇キロほど南、カリフォルニア州北部のシスキユー地域に位置しています。円錐形死火山で、海抜四三一七メートルの高さがあり、北アメリカ大陸では最大級です。次元上昇したマスターからの情報によると、シャスタ山はグレート・セントラル・サン（訳注1）が具現化されたものとも考えられます。

シャスタ山は、控え目に言っても特別な場所です。ただの山どころか、それを遥かに超えています。この惑星上にある最も神聖な場所の一つです。シャスタ山はこの惑星にとって神秘的な力の源です。光の領域から天使、霊的ガイド、宇宙船、マスターが大勢集まる拠点です。また、古代レムリアを生き残った人びともそこに住んでいます。

透視能力に恵まれた人たちには、シャスタ山が巨大なエーテル体の紫色のピラミッドに覆われているのが

（訳注1）グレート・セントラル・サン＝宇宙の中心で、原初の創造を生み出したところ。

見えます。ピラミッドの頂上はこの惑星から遥か彼方の空間へと続き、この銀河系区域の惑星連邦と私たちをつないでいます。この荘厳なピラミッドは内側にもつくられていて、地球のちょうど核の部分にまで届いています。シャスタ山はこの惑星の光のグリッド（訳注2＝光の網状のネットワーク）の入り口と呼ぶことができるでしょう。銀河や宇宙の中心から来るエネルギーは最初にここを通り、それから他の山々やグリッドへと広がっていきます。山頂の多くは、とくに高い山は、この惑星の光のグリッドにエネルギーを供給している光の信号灯です。

この山では、奇妙な光や音がよく見聞きされます。レンズ雲や影、抜群に美しい夕焼け空がこの山のオーラをさらに神秘的なものにしています。レムリアの時代から五次元の都市が今もなお存在していますが、都市への入り口やポータルが数多くあります。シャスタ山には、一万二千年前にムー大陸が沈んだときに生き残った現代のレムリア人も住んでいます。その通りです、私たちのレムリアの兄弟姉妹は生きています。シャスタ山の地下都市「テロス」で、身体を持って幸せに暮らしてきましたが、私たちの目にはまだ見えない五次元の存在です。「地上」の波動は、目下、三次元から四次元／五次元の現実へと移行中です。私たちの周りには多次元が存在していますが、地上のほとんどの人は、まだ多次元を知覚できるほどには意識を進化させていません。

古代レムリア人は大陸が沈む前に、愛する大陸がやがて沈む運命にあることを十分承知していました。彼らはエネルギー、クリスタル、音、波動を使って地下を掘り、広大な地下都市を造りました。彼らの持っていた文化や宝物、地球の古代史を保存するためです。古代の歴史は、アトランティスの沈没後に失われました。レムリアはかつて北アメリカ大陸より大きく、カリフォルニア州、オレゴン州、ネバダ州、ワシントン州をつないでいた広大な大陸です。この広大な大陸は一万二千年以上前の大洪水によって、一晩で太平洋の海に沈みました。当時の地球の住人は、一人残らず母なる国レムリアを大切に想っていたので、大陸が消滅したときには、地球上が深い悲しみに覆われました。その当時、母国が沈む前に、およそ二万五千人のレムリア人がシャスタ山内部のさまざまな管理センターのある主要な部分へと移り住みました。ですから最愛の皆さん、本書を読んでいる皆さん、あなたのかつてのレムリアの兄弟姉妹が決してあなたを残して死んだのではなかったことを、ハートで感じてください。彼らは決して消え去ったのではありません。彼らはまだここにいて、物理的に不老不死の肉体を持って、つまりまったく限界のない状態で、五次元の現実で生きています。

シャスタ山があまりにも荘厳なため、シャスタ山には「大いなるスピリット」が創造したとしか考えられないものが存在する、とアメリカ先住民は信じています。目に見えない小さな人たち、約一・二メートルの背丈しかない人たちが、山の守護者として山の斜面に住んでいるとも信じています。この驚くべき小さな人びとは「シャスタ山の小人」として、よく噂されてきました。彼らも物理的な存在ですが、普段は私たちには見えない波動を持っています。時折、山の周辺で目撃されることがあります。

大勢の目の前に物理的な姿を現わさないのは、彼らの集合意識が人間を恐れているからです。かつて、彼らが私たちと同じような物理的な存在で、自分の意志で姿を消すことができなかったときに、人間は彼らを騙していました。彼らは人間をとても怖がったので、彼らの集合意識がこの惑星の霊的管理階層に頼んで、特別に彼らの周波数を上げてもらいました。その結果、傷つけられることなく平和に進化を続けられるように、自分の意志で姿を見え隠れさせることが可能になりました。

シャスタ山の人里離れた地域では、多くの不思議な存在の他に、「ビッグフット」と呼ばれる人種を目撃したという報告もされています。現在、ビッグフットという種族は、世界でもシャスタ山付近でも、数が少なくなっています。彼らはごく普通の知性と平和なハートを持っています。彼らもまた、私たちとの衝突を避けることができるように、特別の計らいで、自分の意志で姿を消す能力を獲得しました。こうして、私たちとの接触を避けることができるようになりました。このようにして、小さな人たちと同様に、科学の名において傷つけられ手足を切断されて、奴隷の種族となることを避けています。

私たちがこの惑星にゲストとして招待されたことを、私たちはいまだに人類という種としてきちんと理解していません。私たちは優しい母なる地球に迎えられたゲストです。母なる地球はここに居住する多くの王国のために、進化のための土台をボランティアとして提供しています。人間はそのような王国の中のたった一つの種に過ぎません。始まりの頃に賛同を得た確固たる意図がありました。すべての王国が尊敬されて、この惑星を平等に共有することでした。そして最初からしばらくの間は、そうでした。しかし何十万年という長い間に人類は優勢になり、自分たちが優れている種で、自分たちより弱そうに見える他の王国を支配し操作する権利を持っている、と傲慢にも考えるようになりました。

動物王国の種族の多くもまた見えなくなりました。彼らはまだここにいますが、私たちよりほんの少し高い周波数にいるために、私たちには見えません。絶滅したと思われる種は、どこへ行ってしまったと思いますか？　多くの種が絶滅したのは、これ以上人間と付き合うのをやめる、と集合意識で選択したからです。動物王国の種族の中で、まだここに物理的に私たちと一緒にいる動物たちも、必ずしも人間に愛されて尊敬されているとはいえません。見かけ上の「優れた種」に動物たちがどのように扱われ、酷使され、虐待されているのか、ハートの中に入って探ってみてください。

今日では、霊性を探究するグループがシャスタ山周辺に集まっています。「山からの呼びかけ」をハートで感じたり聞いたりした、真実を探究する多くの人たちが、ついに故郷に戻った、と感じられるこの場所に惹きつけられて、移り住んでいます。遥か昔のレムリアの祖先についてのおぼろげな記憶が、元いた場所に戻ってくるようにと彼らに呼びかけています。

晴れた日には、シャスタ山は白い宝石のような姿を見せて、一六〇キロ離れた場所からでも見ることができます。近くに住む人びとには、四三一七メートルのカスケード山脈の火山にまつわる注目すべき物語があります。最も注目に値する物語は、山の内部に住む謎に包まれた人びとの伝説です。彼らは失われたレムリア大陸の古代社会の子孫で、山の内部深くに円形の家に住み、限界のない健康と豊かさと本物の人類愛を楽しんでいるというものです。その人びとは、古代の文化を保存してきたと伝えられています。

山の内部に住んでいるレムリア人は、優雅な存在で、二・一メートル以上の背丈があり、長い髪を自然に垂らしている、と一般的に言われています。白いローブに身を包み、サンダルを履いているとされていますが、とても色鮮やかな衣装を身に着けているのを見た人もいます。彼らの首と体は細長く、美しく彫刻されたビーズや貴重な石で作られた首飾りをしているようです。第六感が発達したので、テレパシーでお互いにコミュニケーションすることができます。自分の意志で瞬間移動することも、姿を消すことも可能です。彼らの母国語はソラーラ・マルー語と呼ばれるレムリアの言語ですが、少し英国訛《なま》りのきちんとした英語も話します。彼らの住む位置がアメリカなので、英語を第二言語として学ぶことを選択してきたからです。

M・ドレアル博士は、数年前に山の内部のレムリア人たちを訪問したと述べています。そこで見たのは、高さ約三・二キロ、長さ約三十二キロ、幅約二十四キロの空間だそうです。大きな洞窟のほぼ中央に、巨大な輝く光の塊が吊り下げられていたので、その空間は夏の日のように明るかったと書いています。別の男性の報告もあります。シャスタ山で眠り込みレムリア人に起こされて山の内部の洞窟へ案内されると、そこは黄金で敷き詰められていたそうです。そのレムリア人が彼に語ったところによると、火山で出来たトンネルがたくさんつながっていて、その様子はまるで地下を走るフリーウェイ――世界の中にある世界のようです。

伝えられるところによれば、レムリア人は、原子力、テレパシー能力、透視能力、電子工学科学を一万八千年前にマスターしていました。彼らのテクノロジーは進んでいて、彼らと比べると、三次元の私たちはよちよち歩きの子どもも同然です。レムリア人はマインドを使って、テクノロジーの大部分をコントロールします。その昔には、クリスタルから発生するエネルギーで船を動かす方法を知っていました。飛行船を持っていて、アトランティスや他の場所へと飛んでいました。現代では、五次元の山を出入りして宇宙空間へ飛び立つ「シルバー艦隊《フリート》」と呼ばれる飛行船の艦隊を持っています。飛行船の姿や音を消す能力があるので、地元や国家の軍に探知されるのを避けることができます。飛行船は物理的な形状がありますが、エネルギー・フィールドを四次元や五次元にシフトさせる能力があるので、彼らの意志で自在に姿を隠せます。

山に奇妙な光が見えた、という報告がたくさんあります。山の内部深くの飛行場から、絶えず宇宙船が出入りしているという説もあります。シャスタ山はレムリア人にとっての住処《すみか》というだけではなく、惑星間と銀河間の多次元のポータルでもあります。シャスタ山の上には巨大なエーテル体の光の都市があり、「七光線のクリスタル都市」と呼ばれています。近い将来のある時点で、順調にいけばこれから十二年から二十年以内に、光の驚くべき都市が私たちの物理的領域に降りてきて、そしてこの惑星の地上に目に見える形で現われる最初の光の都市となるでしょう。これを実現させるためには、ここに住む人びとがこの周波数を彼らの意識に調和させる必要があります。

レムリア人について何も見聞きしたことがなくても、シャスタ山へは簡単に行けますが、もしレムリア人と以前につながりがあれば、何らかの啓示に恵まれるかもしれません。シャスタ山へは世界中から人びとが訪れます。霊的な洞察を求めて来る人もいますし、「母なる自然」がこの独特な高山地帯のこの場所で提供するはずの、美しさや自然の驚異にひたるのを求めて来る人もいます。

誰もが神秘を愛しています。とくにシャスタ山の神秘を愛しています。北カリフォルニアの巨人について書かれてきた魅力ある神話や伝説が数多くありました。孤高の山は眠っています……秘密をそのままにして。しかし、しょっちゅう別の神秘的な話が浮上します。新しい登場人物が現われては、再び神秘的な山に注目が集まります。長年にわたってこのようなことが続いてきましたし、おそらくこれからもずっとそうでしょう。シャスタ山は、人生を大切にし、自分自身を本当に価値ある存在として尊重し、地球を敬い、この惑星を共有している他の王国すべてを尊重する人びとに対してだけ、その「本来の姿」を現わす傾向があるようです。

レムリアは、今もなお
五次元に存在している。
三次元の視力と知覚では
まだ見えないけれども。

——アダマ

第2章　レムリアの起源

レムリア人となった種族たち――アダマ

その始まりは何百万年も昔に遡《さかのぼ》ります。この惑星は七つの主要な大陸から成り立っていました。ほぼ最初の頃から、多くの地球外文明から、移住者が地球に住むためにやって来ました。短期間しか滞在しない人たちもいましたが、長く留まる人たちもいました。地球の歴史におけるこのような昔の時代の詳細は、地球内部にあるポーソロゴスの図書館やテロスのレムリア図書館に記録されています。この惑星の長い歴史の偽りのない事実はたとえ残っていたとしても、現在の「地上」にはほとんど存在していません。なぜかというと、あなたは自分が物理的だと知っていますが、大部分の文明はそのように物理的なものではなかったので、現在の皆さんのやり方では記録を残さなかったからです。また「地上」の大洪水をどうにか免れた記録も、結局、あれこれと破壊されたといってよいでしょう。

紀元前四五〇〇万年に、大天使ミカエルが、父なる／母なる神から祝福を受けて、ミカエルに属する青い炎の天使の軍団と、光の領域からの多くの存在を引き連れてやって来て、レムリア人種となる予定の最初の魂たちをエスコートしました。その到着先はロイヤル・ティトン・リトリート（訳注３）で、現在のワイオミング州のジャクソンに近い、グランドティトン国立公園として知られているところです。この惑星に生まれてきたこの

（訳注3） ロイヤル・ティトン・リトリート＝主に愛と叡智の光線である第二光線のマスターたちがいるところで、エーテル界に存在している。

新しい魂たちは、もとはダールという宇宙のムー大陸の出身です。その当時の地球は、あなたが今日ほとんど想像もできないような完全さと豊かさ、美しさを至るところで表現していました。実際、この宇宙と創造のすべてにおける最も壮麗な楽園でした。この完全さは何百万年と続きましたが、ついに第四の黄金時代に意識が低下しはじめました。

やがて、さらにシリウス星、ケンタウルス座のアルファ星、プレアデス星団、その他いくつかの惑星から他の種族が来て、地球で進化するためにレムリアの「種」の魂たちに加わりました。これらの種族が混ざり合い、皆でレムリア文明を形作ったのです。控え目に言っても、まったく畏敬の念を起こさせる混合でした！「母なる国」レムリアは、この惑星で啓《ひら》かれた文明の揺りかごとなり、また同時に、他の文明をその後たくさん生み出すことになります。アトランティスの時代が生まれるのはもう少しあとの時代です。

最初にこの「偉大な冒険」のためにムーからここに来た素晴らしい魂たちは、多くの新しい経験に慣れて、順応しなければなりませんでした。ロイヤル・ティトン・リトリートの中で、天使たちの援助と導きを受けながら、地球での生き方について教わって、それから徐々に外へと飛び出して小さな共同体を形成しはじめました。新しい環境に慣れて自信を持つにつれて、思い切ってリトリートからどんどん遠くへと離れていきました。レムリア大陸は巨大で、いま皆さんが太平洋として知っている地域よりもっと広かったのですが、やがて彼らはレムリア大陸全体に広がっていきました。

意識が低下する前には、レムリア人は、現在あなたが知っているような物理的な表現の中に完全にいたわけではありません。地球はその当時、五次元の表現の中に存在していたので、レムリア人も主に五次元で振動する光の体の中にいて、いつでも選択したときに、濃い密度の体を経験するために波動を下げる能力があり、自分の意志で光の体に戻ることができました。もちろん、これはたいへん昔のことで、「堕落」以前のことです。皆さんが「堕落」と呼んでいることのせいで、次第にこの素晴らしい人種と、同じ時期にこの惑星で生きていた他のあらゆる意識の波動が低下しました。私たちレムリア人は、多くの他の文明と同じように、結局、四次元のレベルに落ちて、それからもっとあとで完全に三次元まで低下しました。この意識の低下は数千年間にわたって起こりました。

レムリアのハートを開く――オレリア

レムリアの歴史の悲劇的結末について

ここでの情報は、この発表のためにアダマから得た情報だけでなく、「自由への橋の天啓時代」といわれた一九五〇年代に、次元上昇したマスターたちから伝達された内容と、現在「地上」のニューメキシコ在住のテロス出身のシャルーラ・ダックスが教えている内容に基づいています。

レムリア時代は、およそ紀元前四五〇〇万年から一万二千年前までです。レムリア大陸と、少しあとにアトランティス大陸が水没するまで、この惑星には主要な大陸が七つありました。巨大なレムリア大陸には、ハワイ、イースター島、フィジー諸島、オーストラリア、ニュージーランドだけでなく、現在、太平洋に沈んでいる土地も含まれていました。また、インド洋とマダガスカルの領域もそうです。レムリアの東の海岸は、カリフォルニア州やカナダのブリティッシュコロンビア州まで延びていました。

戦争の結果、レムリアとアトランティスはかなり荒廃しました。二万五千年前、アトランティスとレムリアの二つの文明は当時、最も進化していましたが、「イデオロギー」をめぐって争いました。この惑星の他の文明が進むべき方向性について意見が衝突したのです。レムリア人は、まだあまり進化していない他の文化が自然なペースで進化を続けられるように、干渉すべきではない、と主張しました。アトランティス人は、あまり進化していない文化のすべてが、この進んでいる主要な二つの文明の支配下に置いて統治されるべきだ、と主張しました。この意見の相違が、アトランティスとレムリアの間で、水爆による戦争を次々と引き起こしました。戦争が終結し混乱が収まったとき、勝者はどこにもいませんでした。

この不毛な戦争の間、高度な文明にいたはずの人びとは極めて低レベルの行為を繰り返し、最後になって初めて、自分たちの態度が無益だったことに気がつきました。最終的にアトランティスとレムリアは自分たちの攻撃で犠牲を出して、両大陸の母国は戦争によってかなり衰退しました。そのときレムリアの人びとは、聖職者たちを通じて、一万五千年以内に大陸が滅びるであろうと告げられました。当時の人びとは平均寿命が二万年から三万年でしたから、大被害を引き起こした大勢の人が、生きているうちに滅亡を経験することになると知りました。

レムリアの時代、現在カリフォルニア州となっている地域はレムリアの土地の一部でした。レムリア人たちは彼らの土地が滅亡する運命にあると悟ったとき、彼らの文化と記録を保存するため、シャスタ山の真下に都市を建設させてほしい、とシャンバラ・ザ・レッサーという当時のアガルタ・ネットワークの中枢部に願い出ました。シャンバラ・ザ・レッサーは、優に四万年以上前にこの惑星の地上からいなくなったハイパーボーリア文明の人たちが住んでいたところです。ハイパーボーリア人は、当時、アガルタ・ネットワークの責任者でした。現在、アガルタ・ネットワークは地下にある百二十の光の都市で構成されていて、そのほとんどをハイパーボーリア人が占めています。このネットワークのうち四つの都市にはレムリア人が、二つの都市にはアトランティス人が住んでいます。

レムリア人が都市を建設して、アガルタ・ネットワークの地下都市の一部となるのを認められるためには、長年の戦争と侵略から学んだことを「銀河惑星連邦」のような多くの他の機関に証明しなければなりませんでした。連邦の一員として再び認められるためには、平和を学んだことを証明する必要もありました。都市の建設が認められたとき、その地域は大洪水をまぬがれ、残ることが分かりました。シャスタ山の内部には、すでにとても大きなドーム状の洞窟が存在していました。レムリア人たちは都市を建設して、「テロス」と呼びました。テロスとは現在のカリフォルニア州と、南西部と呼んでいる合衆国の主な地域を含む、当時のその地域全体の名称でもあります。テロスはまた、西海岸に沿ったシャスタ山の北部のブリティッシュコロンビア州にまで及んでいました。テロスという言葉は、スピリットとのコミュニケーション、スピリットとの一体化、スピリットとともに理解することを意味しています。

テロスが建設されたとき、約二十万人を収容するつもりでした。大陸の沈没が予想よりも少し早かったため、大勢がテロスの都市に入るのに間に合いませんでした。大洪水が起こりはじめたとき、山の「内部」へ入って命が助かったのは、たったの二万五千人です。これが当時のレムリア文化の中で生き残った数です。記録はすでにレムリアからテロスの地下都市へ運び込まれ、神殿も建設されて完成していました。

最愛の母なる国は一晩で沈没したことが分かっています。大陸はとても静かに沈んだので、ほとんどの人は、何が起きていたのかまったく気がつきませんでした。実際に皆、眠っている最中でした。その夜の天候は何ひとつとして、いつもと変わった様子はありませんでした。一九五九年に、エル・モリヤのツインフレーム（訳注4＝魂の異性の片割れ）であるジェラルディン・イノセンティを通して、ロード・ヒマラヤがそのときの様子を伝えています。光と自らの神聖な使命に誠実であり続けた聖職者たちの多くは、沈没していく船の船長のように、自分の持ち場を守りました。彼らは自らの最期を恐れることなく、波の下に沈みながら、歌を歌って祈りを捧げました。

別の情報源としては、ロード・マハ・コハンが、〈自由への橋〉といわれた天啓の多い時期における一九五七年三月に、ジェラルディン・イノセンティを通じて）同じようなことを伝えています。「レムリア大陸が沈む前に、神殿の神官と女性神官は大洪水が来ることを警告されていたので、さまざまな神聖な炎の芯の部分をテロスに、その他のものは被害を免れる他の土地に運びました。炎の多くはアトランティス大陸の特別な場所へ運ばれて、日々の霊的行事によって、相当長いあいだ維持されました。神官や女性神官たちの中には、レムリアが沈む直前に彼らの故郷の大陸に戻って、その土地とレムリアの人びととともに沈むことを志願した人びとがいました。彼ら自身の安心感と恐れぬ気持ちを広げて放射し、人びとを援助しました。

彼らのこうした手助けによって、大洪水に必ず伴う恐怖が和らげられました。愛に満ちたこれらの恩人たちが自分を犠牲にして、文字どおり人びとのオーラを平和の毛布でくるみ、恐怖のない自由をつくるのを助けたので、その結果、人びとの生命の流れであるエーテル体には、それほどひどい傷跡が残りませんでした。したがって、人びとはその後、生まれ変わったときに、さらに悲劇的な影響を続けて経験しなくてもすんだのです」

ロード・ヒマラヤは「自由への橋」の天啓時代における一九五九年に以下のように述べています。「多くの聖職者たちが戦略的に小規模に分かれて、さまざまな地域へと自分たちを配置し、水中へ沈んでいくとき、祈って歌っていました。その歌は、現在〈蛍の光〉（Auld Lang Syne）として知られています。このような行動がとられたのは、いかなる恐ろしい経験も、人びとのエーテル体や細胞の記憶にとても深い傷跡やトラウマを残すので、癒されるためには何世代もの転生が必要となると考えられていたからです。

人びとと一緒に残って、最期まで歌うことを選んだ聖職者たちの行為や犠牲によって、多くの恐怖は和らげられて、調和のレベルがある程度まで保たれました。こうして、滅亡した魂への損傷やトラウマは大幅に軽減されました。音楽家たちとともに、聖職者たちは波や水が口の中に入るまで歌って祈り続けたと伝えられています。聖職者たちが亡くなったのも、そのときです。その夜のうちに、大衆が眠っている間に、星の多い蒼い空の下で、すべてが終わりました。最愛の母なる国は太平洋の波の下に隠れてしまいました。自分の持ち場を離れた聖職者は誰もいませんでした。恐れを口にする者は誰もいませんでした。レムリアは厳然と沈んだのです！」

「蛍の光」は、レムリアの地で歌われた最後の歌でした。

今晩のプレゼンテーションでは、皆さんにこの歌を再び歌っていただくつもりです。地上では、この歌はアイルランドの人びとに歌い継がれてきました。そして、とても予言的な歌詞が次のように加えられてきました。「古い友人を忘れることができようか！」。今晩一緒に歌うことをどう思いますか？　実際に私たちは古い友人と再会を果たしています。私たちは今、三次元の領域から私たちの意識の中で、かつてのレムリアの友人や家族と再会しています。私たちの視力ではまだ見えなくても、順調に進めば、見えるようになるのもそれほど遠い未来のことではないでしょう。友人である皆さん、次の歌詞をハートの中でよく聞いてください。

レムリアが完全に沈む前に予言がなされた。
ある日、いつか遥か遠い未来で、
私たちは大勢で集まって、
この歌を再び歌うであろう。
そのとき完全に分かっているだろう、
「地球の勝利」が得られると。

今日は長く待ち望んだその日を祝い、この信じられないような予言が現実のものとなりました。今日、私たちは長く待ち続けた「再会」の始まりに突入しています。今晩この部屋にいる多くの方は、集団のために自分の命を犠牲にした勇敢な魂でした。そのことをアダマから皆さんにこうして伝えていると、私の目に涙が溢れてきます。当時の皆さんの勇敢さに拍手を送りましょう。いま一緒に戻ってきていることを喜びましょう。そして人類と惑星が栄光のアセンションに向かうのを助けるというレムリアの大きな使命を続けましょう。

テロスの役割の一つは「地上」の住人が自分たちでできるようになるまで、この惑星のためにアセンション意識のバランスとエネルギーを保ち続けることでした。今、二つの文明社会が「一つのハート」となって、一緒にその役割を担う時代がやって来ました。

二つの大陸が沈没したあとの地球

レムリアが沈没しはじめると同時にアトランティスも揺れはじめ、一部の土地が沈んでいきました。その状態が二百年にわたって続くと、やがて最終的な段階を迎え、残っていた大陸も完全に沈みました。レムリアとアトランティスの大洪水後の二千年間、この惑星はなおも沈み続けました。二百年以内に二つの大きな大陸を失ったため、地球はかなり後退してトラウマが残りました。バランスを再び回復して、生きるのに適した環境になるまでに要した年月は数千年に及んでいます。両大陸が崩壊してから数百年は、山のような残骸が大気中を漂い、地球には太陽の光が届きませんでした。太陽光線が有毒な大気と残骸を通過できなかったために、大気は非常に冷たくなり、食物となるものがほとんど育ちませんでした。そして大部分の動物と植物が死に絶えました。

――なぜ現在、この二大文明の遺跡がほとんど存在しないのでしょうか?

その理由には、沈まなかった地上の都市が瓦礫の山となったことと、地震または一六〇〇キロの内陸まで襲いかかる巨大な津波が頻繁に起こって、地上の都市が一掃されたことが挙げられます。大洪水を生き延びた文明社会では、生きる環境が非常に厳しかったので、人びとは恐怖に怯《おび》えるようになり、生活の質は急速に低下しました。というのも、生き残った人びとは大洪水、飢え、貧困、病気をすべて受け継いでしまったからです。

この惑星上での人類の元の身長は約三・六メートルありました。ハイパーボーリア人はかつて、そして今でも三・六メートルありますが、現在「地上」には住んでいません。レムリアが沈む頃までに、レムリア人の身長は二メートルまで低くなりましたが、現在のレムリア人はそれでも二〜二・四メートルあります。その後も、この惑星では身長はどんどん低くなってきました。地上に住む私たちの大部分は一・八メートル前後の高さです。私たちの文明が進化すれば、身長はまた高くなっていくでしょう。今でさえ、地上の人びとの身長は、ほんの百年前に比べてもずいぶん高くなってきています。

今晩、もしあなたがそう選ぶか、あるいはそうさせてもよいと許可するなら、アダマと、テロスからここに光の体で来ているおよそ五十万人が、私たちの個人的な、そして惑星的な記憶を癒す機会を与えることになっています。このことは、この惑星と人類にとって大いに役立つだけでなく、私たち一人ひとりにとっても同様です。

新しい時代、新しい世界が今まさに生まれようとしています。私たちは愛と新しいレムリアについての課題を学んできました。再発見されたその楽園は、再び現われようとしているところです。テロスはレムリアの中で光と神聖な使命に忠実でありつづけた部分であり、大洪水のときに四次元へと引き上げられました。レムリアの民は最終的に五次元の気づきへと進化し、今日まで高次元で完全に存在しています。そしてテロス、私たちの最愛のテロスとそこに住む驚異的な人びとは、この素晴らしい場所への「門戸」です。

レムリアのハートを癒す――アダマ

地球の新しい時代の夜明けに、まとわりつく古いレムリアの記録をクリアする

最愛なる皆さん、過去に兄弟姉妹だった親愛なる皆さん、かつての家族である皆さん。

テロスのレムリア評議会を代表して、テロスの王と王妃であるラーとラーナ・ムーを代表して、また今夜ここにエーテル体で出席している五十万人も代表して、皆さんに挨拶することは、たいへん嬉しく、愛と敬意で胸が一杯です。私たちは皆さんにハートを開きますので、皆さんも大いに癒されるように私たちにハートを開いてください。

今晩、私たちがここにいる目的は、私たちの惑星のために、また同様に皆さんのために、とても重要なクリアリングと癒しを皆さんと共同創造することです。まず、ハートと魂の中にまだまとわりついている、古い苦痛に満ちたレムリアの記録をクリアしましょう。その次に、私たちのハートを再び一つにして、もっと

直接的な新しい絆を二つの文明間に築きましょう。分離の時代は終わりに近づき、私たちは今、毎日ますます多くの人とお互いのハートをつなげているところです。親愛なる皆さん、ちょうど今から行おうとしている共同創造が、皆さんの中に私たちが出て行く時機を早めることになるでしょう。

まもなく二つの文明世界は再会して、光と愛という盛大な祝賀の中で対面することになるでしょう。今までに想像したこともない悟りや叡智、平和、豊かさの、素晴らしい神秘的な永遠の黄金時代を築くために手に手を取り、ハートを一つにして共に働きましょう。非常に長い間、この惑星に浸透してきたどのようなネガティブな力にも妨げられることなく、以前にはなかったような光と愛の共同体を皆さんが築くのを助けるつもりです。

この惑星上で皆さんが耐えてきた長く暗い夜は、まもなく終わろうとしています。すぐに光がこれまでよりも、もっと明るく輝きはじめます。皆さんは今、夜明けが覗き見している暗闇の最後の時を経験しているところです。もうすぐ、地上で長らく懸念されてきた変化に直面することになるでしょうが、それらの変化を、惑星を「救出」するためのものとして捉えてください。その時期は今、皆さんの頭上にあるので、皆さんが荘厳な真我の中心に居続けることはとても大切です。親愛なる皆さん、自分自身を恐れに向かわせないようにして、たとえ周りでどんなことを目撃しようとも体験しようとも、現われてくる変化と移行を丸ごと受け入れてください。そのすべてを、あなたのために新しい世界を創造している神の手として受け入れてください。

あらゆる角度から多くの助けを得ることができますし、私たちも援助を惜しみません。ただあなたがハートの中で私たちに依頼してくれれば、私たちはあなたを援助するためそこにいます。

オレリア・ルイーズが、一万二千年前に起こった大陸沈没の悲劇を手短に話したのは、破壊時の荒廃によってつくられた重い記録について、皆さんに気づいてもらうためです。知っていただきたいのは、この苦痛に満ちた記録の多くが、いまだに今日まで何百万人ものハートと魂の中で、人類にまとわりついているということです。当時起こった、心を引き裂き魂のトラウマとなったこの物語は、とても言葉では表現できません。今、このすべてを癒して自分自身という存在とともに出発するときです。これらの古代の記憶は現在に至るまで、人類の大部分の意識の中で、霊的な霧のようなものをもたらしています。その苦痛はあまりにも堪えがたく、そのために、多くの人がより高次の知識を思い出さないように意識を閉じてしまいました。

私自身とテロス全市民は、今晩、ぜひこのまとわりつく記録の大部分をクリアしたいと思っています。皆さんも私たちも、ここに十分な人数が参加しているので、もし皆さんが同意して意図するなら、私たちは皆さんと惑星のためにこの部分を癒すことができます。今晩、癒したいと思いますか？（はい、と聴衆の声）

では少しの間、静かにしてください。そして自分自身の記録がクリアされて、癒されるように意図してください。ハートの中に深く入っていきます。今晩、私たちと一緒に参加しているのは、多くのマスターと天使たちです。彼らはこの大規模なクリアリングを喜んで手伝ってくれます。口には出さずにハートの中で、自分自身のために癒されるように依頼してください。それから次に、現時点で自分自身の記録をクリアさせることができる他の人びととのクリアリングと癒しを、彼らの大いなる自己の許可を得てから依頼してください。間違いなく、大勢の人がいます。（しばらく沈黙）

これで、友人である皆さん、ボールが転がりはじめました。全記録がクリアされるまで、「百匹目のサル」現象のように回り続けるでしょう。大いに人類を助けることになります。ありがとうございました。この共同創造に参加していただいたことで、あなたはこの惑星に、それからあなた自身にも大きな貢献をしています。

大勢のハートを癒すために、皆さんがたった今つくったこのエネルギーを、惑星の周囲に置きました。今晩、大規模に記録がクリアされて癒されたからには、過去の悲劇と悲しみを置いて立ち去り、まだ皆さんが理解できない方法で惑星を祝福している、現在進行中の次の大イベントに取りかかりましょう。私たちが人類とハートをつなげたので、戸口は今、かなり直接的に開いています。今晩ここに参加し、この惑星に貢献していただいたことを感謝します。

まもなく暗い夜が完全に明けることを確信してください。この惑星の表面からは、もはや悲しみも涙も存在しなくなるでしょう。もし涙があるとすれば、それは喜びと恍惚感の涙だけです。一緒に手を取り合って、輝かしい運命を選択する人すべてのために、それを現実のものにしましょう。

私たちは、皆さんのお手本となって道案内することを進んで引き受けた、皆さんの兄そして姉です。皆さんが成し遂げようとしていることを私たちはすでに経験してきたので、私たちの手助けがあれば、皆さん全員がとても楽に進めるでしょう。私たちの手を取って、援助を受けることをお勧めします。ご存知のように、私たちには実際に、来るべき惑星規模の大冒険への皆さんの旅を穏やかにする能力があります。私たちは、驚異と魔法の楽園である五次元で新しいレムリアを創造してきました。皆さんがかつて夢見たすべてと、それ以上のものがここにあります。その時が来たら、皆さん全員と一緒に、新しいレムリアをこの惑星の「地上」の次元にも広げていくつもりです。私たちが知っていることと、地上の人びとから孤立していたこの一万二千年に学んだことを、一つ残らず教えましょう。

私はアダマ、レムリアの仲間とともに、全員で皆さんの勝利を擁護します。

あなたのからだ（訳注5）を
「魔法の形態」と見なしなさい。
かつてつくられた万能装置は
あなたの望みを
何でも叶えることができる、
痛みや制限を伴わずに。

――アダマ

（訳注5） からだ＝原文では複数形。肉体だけでなく、感情体、精神体、エーテル体などさまざまな体を指している。

第３章　新しいレムリア

友人である皆さん、こんにちは、私はアダマです。

レムリアは一万二千年以前に大西洋の波の下に沈没したので、もはや存在しないと地上では一般的に信じられています。三次元での見方からすると、それはまったく本当のことです。約三百万人を犠牲にして、大陸の大部分を破壊した大洪水は、惑星の物理的表面と住民にとても悲惨な荒廃をもたらしました。

それはまた、母なる地球に途方もない衝撃を与えました。ほぼ一晩で、その最終段階においてこの惑星の揺りかごと考えられた最愛のレムリアは消滅しました。生き残った人びとはすっかり衝撃を受け、大きな損失を嘆き悲しみました。母なる国を失った痛みはとても強かったので、今日でさえ、皆さんのほとんどの方が、まだその当時の痛みと深いトラウマを、細胞の奥深くの記憶の中に引きずっています。

そのとき命を失った魂たちはひどい打撃を受けました。かつて大陸の崩壊を経験した皆さんの多くは、栄光のレムリアに関する記憶から完全に自分自身を閉ざしてきました。なぜなら、皆さんにとってその幕切れはかなり悲惨だったからです。痛みと悲しみは無意識の奥深くに埋もれていて、再び表面化して癒される時を待っています。今日この情報をお話しする目的は、これを読んでいるすべての方が、最初に自分の内部で、それからまた惑星のために、意識的にその記録を癒しはじめるのを手伝うことです。兄弟姉妹である皆さん、私たちは大きな愛と思いやりをもって、そのようなやり方で皆さんを援助します。

レムリアは今日に至るまで五次元の周波数の中に存在していますが、しかし三次元の視力と知覚では、まだ見ることはできません。

すべての方がまだ喪失を悲しんでいますが、レムリアは決して皆さんの現在の理解度で認識しているように、完全に破壊されたのではないことをお伝えしましょう。次元間のベールがだんだん薄くなってきているので、アセンションのプロセスにいる人びとには、遠からず、その新しい輝きと栄光の中で、愛するレムリアが実際に目の前に現われることはまず間違いありません。

もっと意識して生きるようになって、この千年間に抱えてきた、歪んで誤ったあらゆる信念体系を自分から取り除くと、最愛の母なる国を再び知覚できるようになります。いずれ、愛と荘厳さのすべてを伴う母なる国は、あなたが足を踏み入れるのを許し、あなたを受け入れるでしょう。母なる国は、きっと今もあなたに愛と荘厳さを差し出しているはずです。あなたの準備ができれば、この楽園に意識的に私たちに加わるように招待されるでしょう。爆風が起こったその瞬間に、レムリアとレムリアが代表していたこの惑星の一部は、四次元の周波数に引き上げられて、その後、五次元へと進化しました。レムリア沈没時に命が助かった人びとが、現在到達しているレベルの完全さと美に向けて、発展と進化を続けてきました。

もしこの情報を読んであなたの目に涙が浮かぶのなら、ハートを開いて、長い間あなたの内側に埋もれていた苦痛を癒してください。悲しみをどんどん流しましょう！　涙があなたという存在のあらゆる部分を癒していくのに任せましょう。呼吸をしながら、ハートの中で、感じるままにしてください。それをそのまま受け入れてください。思い出と苦痛のすべてを抑えずに、心ゆくまで感じてください。このようにして、あなたは徐々に癒しを進めていきます。呼吸とともに痛みを吸い込むにつれて、苦痛が溶けていき、永遠に癒されます。あなたの大いなる自己に手伝ってくれるよう頼んで、輝かしい新しい現実へ進むのを妨げてきた、これらの記録の覆いを剥がしてください。

毎日瞑想するときに、あなたが完了したと感じるまでこのワークをきちんと行うようお勧めします。あなたのハートを私たちのハートにつなげて、私たちと私たちの愛とつながってください。私たちに援助を求めてください。そうすれば、このとても大切な内面のワークをするときに、私たちはそこにいます。テロスでは誰もがハートの中で私たちの方へ手を伸ばす、すべての人を援助したいと熱望しています。私たちの文明はハートが大きく開く段階に達したので、私たちの波動は聖なる母のハートと同調して脈打っています。次第に、深く根差した痛みは浮上して、以前よりだいぶ軽く感じるようになるでしょう。この苦痛の浄化は、あなたが本当のアイデンティティーを思い出して、認識しはじめることにも役立つでしょう。また霊的・感情的・肉体的に完全な進化と新しいあなたへ大飛躍させることになります。

夜、体が眠っている間にテロスへ来るようにお勧めします。一人ひとりとワークするのを望んでいるカウンセラーが大勢います。来た人にはそれぞれ三人のカウンセラーがついて、とても親密にあなたとワークします。一人は感情体、もう一人は精神体、そして三人目はエーテル体の癒しに集中して、皆であなたの神聖な存在と一つになってワークします。

私のチャネラーであるオレリア・ルイーズは、少し前に新しいレムリアを垣間見る機会を与えられました。彼女は深く感動して、私たちが彼女を通じて書いていることが、遥か遠い未来の単なる空手形ではなくて、疑う余地のない確かなことだと心の中で分かりました。このことが実現するとしたら、おそらくこの十年かそこらで、多くの人にとっての現実になるだろうと彼女の存在の全細胞で理解しています。その旅を歩むのは皆さんです！　私たちの手を取って、私たちとともに新しい次元の現実へ向かうアセンションの波に乗りませんか？

地球の民として、私たちは一つの大家族です

私たちは自分たちの住んでいる場所から、人類の堅実な進歩を観察しています。人類が自分たちの神性を思い出すとき、人類の意識の内側で大きな目覚めが起こっています。

皆さんにはこの驚異的な進歩の全体像がまだ見えないでしょうが、私たちはテクノロジーを使ってこの進展を見るだけでなく、アミノ酸製のコンピューターで日々の進歩をグラフ化する能力があります。地上のどの地域についても、人類によって波動の周波数が日増しに上昇するのをグラフ化できます。私たちは毎日、より多くの人びとが自分の神聖な目的に目覚めていくことに気がついており、また多くの人が自分自身の人

生と惑星のために、ハートの内側で進んで愛と平和を受け入れ、新しい選択をすることも見ています。

大勢の人が今、真の霊性をより深く理解しようと目覚めつつあり、自分自身のために新しい選択をしはじめています。その事実こそ、最終的な勝利と霊的自由が確実であることを示しています。臨界点に達するまでどのくらい長いか、地上の年月であと何年かかるかだけが問題なのです。霊的な管理階層が最初に予想したよりも、幾分早めに進んでいると正直に言いましょう。少なくとも、長いあいだ待ち続けてきた新世界へ移行するのに、もはや何世紀も何千年もかかることはありません。今から十年以内に、ポジティブな変化がたくさん起こるでしょう。それからあとは、ポジティブな変化が強烈に加速された周期を通るでしょう。五次元の驚異と祝福に皆さんが心地よく身を落ち着けるまで、エネルギーの強まりは止むことも消えることもないでしょう。

ついに、二つの文明社会の再会する時が間近に迫っています。

テロスでは、多くの文明の広大な帝国である「地球内部」にいる皆さんの兄弟姉妹とともに、この意識の拡大を非常に喜び、期待しながら見守り続けています。常に愛と光をもって、皆さんをサポートしつづけています。私たちは、クリスマスがあと何日かと数える子どものようです。その「クリスマス」とは、皆さんと私たちが、愛と兄弟愛の中で地球の一つの大家族として「再会」する日です。私たちは日々起こっている目覚めを、驚きをもって見守っています。何世紀も物理的に分離してきましたが、ついに二つの文明社会の再会する時が間近に迫っていると分かっています。

私たちが地上の次元に出て来るときは、大勢の人にとって愛と歓喜の時になるでしょう。とくに、地球内部に私たちが存在すると意識上で気づいている人たちと、やがて私たちと面と向かって挨拶し、会話することをハートの中で深く切望している人たちにとっては、格別の喜びでしょう。「大いなる再会」はいま皆さんが描いているものより、さらに素晴らしいものとなるでしょう。私たちも皆さんが熱望しているのとまったく同じくらいに、見て触れる状態で皆さんと一緒にいたいと熱望していることを分かってください。私たちは家族です。ですから、お互いにそう望んでいるのです。

私たちはまた多くのライトワーカーも見守っています。ライトワーカーとは、大いなる覚醒へと導く素晴らしい使命を携えて、この時期に肉体を持って生きている人たちのことです。皆さんは勇敢な光の戦士であり、この惑星のキリスト意識化を援助するために多くの困難に直面しており、それゆえ私たちは皆さんをハートの中で大切に抱きしめています。皆さんに挨拶し、敬意を表わすとき、私たちは感謝と深遠な愛に満たされています。

私たちが接触可能な状態でこの「地上」に戻ってくるのは、霊的覚醒が臨界点に達したときであって、今すぐに、というわけではありません。もうすぐ「地上」の人たちの中で、私たちに会ってもよいと考え、私たちを目の前にしても、私たちの輝きを心地よく感じる周波数に達した人たちと、人数を限定して交流しはじめることを許すつもりです。皆さんと会うために、私たちが三次元の密度に波動を下げる気はないことを承知してください。たぶん、その中間あたりで会えるでしょう。四次元の高いレベルで私たちを知覚できるようになるためには、そのレベルまで周波数と意識を上げる必要があります。

この初期の交流は次第に通路を広げていき、最終的には、私たちが皆さんの中に出て来て、「同じ母を持つ子どもたちという一つの大家族」として両方の文明社会が合流することになるでしょう。私たちは愛の存在で、愛を実行して生活していて、皆さん全員を本当に愛しているということを分かっていただきたいと思っています。

私たちが出て来たら、皆さんに役立つ生き方を教えることができます。光明、愛、平和、美、繁栄の永続する黄金時代を素早く築くために、その基礎を確立するのに役立ちます。

皆さんが、長く待ち望んできた黄金時代の先駆けとなるのを手伝いましょう。今まで以上にお互いを愛して、お互いを巨大な家族の兄弟姉妹のように見て、準備してください。マインドとハートの中で私たちを受け入れはじめて、私たちがあなたを導き、助言できるように招いてください。決して、あなたが後悔することはありません。

「地下」で生きてきた一万二千年の間、他の多次元的都市やテロスでは、愛と真の兄弟愛という意識に基づいた基盤を確立してきました。この数千年間にわたって、私たちは人生のすべての分野において神聖な法則と共鳴する、ますます偉大なレベルに達するために、社会構造を洗練させてきました。

最愛の皆さん、私たちは皆さんの痛みや苦闘をもう十分に見てきました。皆さんの世界でこの高次元の現実を顕現する方法を教えるのを待つことは、喜びと期待に溢れることです。そうなれば、この惑星上で進化する人類や他の王国が再び苦しむことは絶対にありません。

私たちの援助があれば、このことを成し遂げるのに一万二千年もかかりません。私たちはすでにその方法を知っています。

「愛」の魔法を通して私たちのエネルギーを混ぜると、皆さんに素晴らしい変化をもたらすことができて、そうなります。私たちに進んでハートを開いて、私たちがただの友達ではなく、昔の兄弟姉妹でもあることを信頼してください。魂のレベルでは私たちは皆、かつて偉大なレムリア大陸で家族だったので、お互いをとてもよく知っています。そして今でも、私たちは家族です。

テロスで豊かに流れている愛を皆さんに送ります。愛を生成するのに何も問題はなく、私たちはそのおかげでとても幸せに暮らしています。私たちはハートの中で、皆さんを愛情込めて抱きしめます。私たちと会う日まで、真実の愛を目指して愛することを実践しつづけてください。真実の愛は、自分自身を愛することから始まります。自分への、お互いへの、そして万物への愛で、あなたのハートが満たされますように。皆さんは、父なる／母なる神の愛の貴重な宝石であり、そして表現そのものなのです！

第Ⅱ部

テロスの大神官アダマからのメッセージ

感謝のこころは
奇跡への扉を次々と開き、
天の恵みを倍増する！
もし人生で恵まれていないと思うなら
あるいは人生の質をいまより
もっと高めたいと願うなら、
この古代からの手法を磨きなさい、
人生のあらゆる分野を向上させるために、
もちろん、豊かになるためにも。

――アダマ

第4章　都市テロスの概要について

テロスの二つの政府形態

（この情報の一部はアダマからのチャネリングによりますが、他の部分は現在、地上で暮らしているテロス共同体のメンバーであるシャルーラ・ダックスの著作を基にしています）

テロスには、二つの政府の形態があります。ラーとラーナ・ムーという名前の王と王妃がいます。次元上昇したマスターで、一組のツインフレーム（訳注4＝魂の異性の片割れ）です。彼らはテロスの最高位の統治者で、政府形態の一つを形成しています。

もう一つの政府形態は地元の評議会で、テロスの「光のレムリア評議会」と呼ばれています。十二人の次元上昇したマスターで構成されており、男女それぞれ六人ずつが神聖な男女のバランスをとるために奉仕しています。テロスの大神官の長が十三人目のメンバーで、評議会のリーダーです。評議会の採決で票が分かれたときに最終的に決裁します。現在はアダマがその役職を務めています。

評議会のメンバーは、到達している霊的レベル、内的資質、成熟度、経験分野によって選ばれます。評議会のメンバーが他のレベルの奉仕へ移ると、空席が人びとに通知されます。評議会で席を獲得したい人は志願することができます。全志願者は、評議会や聖職者、テロスの王と王妃によって念入りに調べられます。王と王妃が、評議会に誰を選ぶかの最終的な権限を持っています。

都市テロス

テロスはかなり大きな共同体で、約一億五千万人が暮らしています。いくつかの村に分かれていますが、全員で地元の政府を共有しています。テロスと呼ばれている都市は五つの階に分かれていて、それぞれの広さは数マイル平方（一マイル＝約一・六キロ）です。

地下一階

ほとんどの人が地下一階のドーム下に住んでいます。行政の建物と公的施設、そして神殿もこの階にあります。この階の中央には、私たちの中心となる、マーラーの神殿と呼ばれているピラミッド型の建築物があり、一度に一万人を収容することができます。この神殿はメルキゼデクの聖職者に捧げられたものです。ピラミッドは白く、金星から贈られた「生きている石」と呼ばれる冠石が頂上についています。

地下二階

ここでは人びとと都市に必要なすべての生産品と製造品が作られます。子どもと大人のために学校もあります。また、この階にも大勢の市民が住んでいます。

地下三階

この階は水耕栽培の庭専用です。すべての食べ物が、約七エーカー（約二・八ヘクタール）の土地で育てられています。生産されている食物は興味深く面白いもので、また多様性に富んでいます。たいへん効率的な栽培方法なので、七エーカーの土地で必要な分をすべて賄《まかな》えます。いろいろな種類の豊富な食物を栽培して、百五十万人に供給し、しかも年をとらない強健な体をつくっています。

私たちが食べることに気がついてほしいのですが、そうはいっても私たちは五次元の存在なので、皆さんと同じように食べる必要はありません。食べたいときだけ食べます。また、望むものを意志で現実化することができます。私たちの食べ物は、地上のものほど密度が濃くありません。三次元では、中味、風味、色、形がありますが、五次元の食べ物はエーテル体で出来ていると考えると分かりやすいかもしれません。

水耕栽培では、収穫物を絶え間なく生産することが可能です。進歩した水耕式の技術を使って、育てる速度を速めることができます。ほとんど土を使わずに、大量の水を使って育てていますが、その水には、地上で使っているような化学物質が含まれていません。食べ物は完全に有機的で、最高の波動を持っています。肥料を必要としない栽培形態なので、土を痩せさせることもありません。有機的なミネラルを植物に与える水の中に入れます。作物はまたテロスの強い光とエネルギーと愛の波動で高められて、成長が促進されます。このやり方はもうすぐ、これから十年以内か十数年で皆さんが発見することになる、五次元の意識という魔法の方法です。

地下四階

この階には水耕栽培の庭と製造工場がいくつかあり、残りの広い部分を小さな湖や池のある自然公園が占めています。

地下五階

この階は、自然のためにだけ造られました。公園のようなところに高い木や湖があり、ここですべての動物を大切に守っています。この階で、地上ではもはや見られなくなった多くの植物や動物を保護しています。テロスにいる動物はすべて草食で、お互いに他の動物を食べません。完全な調和の中で一緒に生きているので、人間に対しても動物同士でも、恐れや攻撃性が少しもありません。テロスでは実際に、ライオンと羊が並んで座り、互いに完全に信頼し合って一緒に眠ります。

テロスにおける移動手段

市内には、動く歩道、各階をつなぐエレベーター、スノーモービルに似た電磁式ソリなど、いくつかの移動手段があります。他の都市との往来には、住民は「チューブ」と呼ばれる、最高時速三千マイル（およそ時速五千キロ）の電磁式の地下鉄を利用しています。

テロス市民の肉体的特徴

――テロスの人たちは、私たちとは外見がかなり違うのですか？

私たちの方が、皆さんより背が高く横幅もあります。細かい点ではまったく同じように見えますが、私たちは何千年も若さを保っています。つまり二十歳から四十歳くらいに見えて、それも自分で選べます。私たちの社会では、年をとる兆しを見せる人は誰もいませんし、年月が経過しても髪が白くなりはじめることもありません。最初のうちはこのようなことは皆さんにとって奇妙に思われるかもしれませんが、すぐに慣れると思います。また自分の意志で、とても簡単に外見を変えることもできます。完全な体に住むという贈物は、五次元の意識へ上昇すると、その恩恵としてもたらされます。

将来あなたが誰か二万歳の人を紹介されたら、その人も他の人と同じくらいの若さに見えることに気がつくでしょう。私たちは不滅の状態に達してからは、自分が望む限り長く、現在の体の中で生き続けています。そして他の奉仕や高次元へと移る時が来たと感じたら、進化の新しい冒険へ体を一緒に持っていきます。

祝祭日の祝い方

――テロスに祝祭日はありますか？　どうやってお祝いするのですか？

綺麗な花束を持って、あなたの質問を心から歓迎します。ええ、テロスでも素晴らしい祝祭日があり、手をかけて盛大な祝祭の行事をして、子どもたちも含めて全員が参加します。皆さんのように毎年、同じ祝祭日を祝うことはありませんが、毎日が人生を祝う日であると気がついています。毎日、美しさと恵みと恩寵を享受していることに、ハートの中で深く感謝し、愛と生命を祝っています。日々はこのような祝日の連続であると理解しています。

祝う理由は数多くありますが、一年に四回、季節の変わる冬至・夏至・春分・秋分のときに、主要な祝いの行事が催されます。各季節のその期間は、都市の至るところで催され、アガルタ・ネットワークのどの都市でも、洗練された三日間の祝祭を開催します。この大規模な祝祭は都市の至るところで催され、友人や家族が一緒に参加して、お互いにたくさんの愛を表現します。大量の人びとが祝祭に参加し、愛する人たちを訪ねるためにさまざまな都市へ旅行します。地球内部のあらゆる場所から、また他の星からも大勢来るため、この祝祭の期間中のテロス人口は、普段のほぼ二倍に膨れ上がります。訪れる人たちは私たちの銀河の家族であり、また、皆さんの家族でもあります。近い将来には、意識を保ったまま、目に見える状態で、他の星から来るあなたの多くの兄弟姉妹と会えるでしょう。皆さんはきっと大喜びしますよ！

私たちは皆、愛を盛大に祝うために、そして創造主と地球とお互いが一つであることを盛大に祝うために交流しています。私たちは喜びを一緒に経験するために、ダンスを踊り、音楽を奏で、歌を歌い、愛と感謝を表現します。それぞれの祝祭の前には全員総出で、比類ない創造性と美しさで都市を飾ります。努力を惜しまないので、飾りだけを見ても、ハートで祝祭の気分を味わえます。

年間を通じて、他にも祝祭の行事があります。もし祝うための特別な理由が見当たらなければ、理由をつくるでしょう。生命はとても神秘的で驚きに満ちているので、必ず何かしら祝う理由が見つかります。また皆さんの、古代レムリアの遺産に対する愛と目覚めも祝っています。私たちはハートの中で、二つの文明社会の再会を盛大に祝う準備を始めています。再会すれば、実際に最大の祝賀行事が催されることになるでしょう。

円形の家

――レムリア人は「円形の家」に住んでいると聞きました。どのような家か説明してもらえますか？

ひと頃は、皆さんが現在、建築家に頼んでいるように、現実的な物理的計画と多様な建築資材、それにノコギリやハンマーのような道具を使って家を建てねばなりませんでした。五次元の存在になったからには、思考と意図と持続させた集中力を使って、必要なものを具現化して家を創造しています。

そうです、私たちは神聖幾何学の法則に基づいて家をデザインします。そのために、大多数の家があれこれとデザインするうちに円形になり、デザインはとても創造的で美しくなります。家の外装の基本的な素材はクリスタルです。私が五次元の視点から話していることを、常に頭に置いて聞いてください。私の説明を五次元の視点から理解するように、最善を尽くしてください。私たちはマスターとして皆さんに説明を試みますが、皆さんの次元ではそれに相当するものはありません。三次元的な考え方だけで捉えようとしたら、まったく意味をなさない説明もあるかもしれません。

私たちは完全に五次元に移行したので、今では主に思考と意図を使って家をつくっています。私たちの肉体もそうですが、持っているものとつくるもののすべてが、私たちにとっては、とても物理的に見えて、そう感じられます。それどころか、私たちが現実として感じている物理的状態は、皆さんが感じている物理的状態と同じくらいの現実感があります。とは言っても、私たちの物理的状態にはとても多くの光が吹き込まれて、密度はほとんどなくなっているので、皆さんの現在の意識レベルでは見ることも触ることもできないでしょう。

私たちの次元の現実はとても流動的なので、ほとんど全員が望むものや必要とするものをほぼ一瞬でつくることができます。今や、どのようにでも望みのままに、家をたいへん素早くつくる能力に達したので、いつでも迅速な変更が可能です。皆さんがこのことを完全に理解して、同じことができるようになるまでには少し時間がかかるでしょう。この奥深い概念の実用を学んで、いろいろと試しはじめたら、すぐに面白くなるはずです。最初は私たちが監督して手伝います。皆さんの準備が整ったら、すぐにでも教えはじめたいと熱望していることの一つです。

家は、たくさんの光を発する、極めて美しいクリスタルのような石からつくられています。その石は、他人が外から中を覗いても見えないくらいに不透明です。このようにして私たちはプライバシーを常に確保しています。しかし、家の中にいるときには外の眺めははっきりと見えて、透明ガラスで出来た家のように、外のあらゆる角度と方向が見えます。クリスタルの宮殿に住んでいると感じられるのはそのためです。外の眺めはどんなものにも決して遮られることはないので、壁の内側に閉じ込められているとは感じません。

私たちは家を円形につくり、創造性を大いに発揮して豪華さを加えます。小さな円形の家をつくりはじめる方法を、簡単に説明したいと思います。その方法は面白いので、私たちがどのように進めていくかについて教えましょう。家を完成させるために、私たちはこれと同じ原理を使っています。今、あなたは自分の好きなように、自分の力でこの家を完成させるために想像力を使うことができて、あなた自身の家を夢に描きはじめることができます。その方法とは、ただ意識的に夢を創造して現実化するだけです。

では、小さな円形の家の創造に取りかかりましょう。

最初に――あなたが望む家の場所を定め、直径の長さを決めます。

次に――「つくる」というマインドと意図を持って、構造物の外形をはっきりと視覚化しはじめます。もし明確に視覚化しなければ、または視覚化がいい加減な場合は、思った通りには現われません。覚えておいてください。私は欲しいものをつくるために、マインドとハートのエネルギーを使います。マインドの中で浮かべるものの素材は、クリスタルの物質から出来ています。マインドの中で、今、石を一つひとつ正しい順序で正しい場所に、現実化したい完成品のデザインの通りに置いていくところを視覚化しはじめます。この時点ではまだ外形だけで、中には何も置かないで、密度も濃くしません。実際のところ、私はこれを迅速に行うことができます。私たちは時間のないところに住んでいるので、実際にどのくらいかかるかは問題ではありません。皆さんの時間でも、私には三十分とかからないでしょう。

第三に――新しいクリスタル構造の外形をつくることにすっかり満足し、この新しい創造によってハートが喜びで一杯になったように感じたら、それから次のステップに移ります。今度は、それぞれの石をより強いクリスタルの光で満たして、密度をさらに濃くしていきます。新しく創造することに強く集中しつづけていくと、一つひとつの石の外形は、私が注ぎ込む光と愛ですっかり満たされます。この作業が完了したら、望んだ不透明さに達するまで、石をつくっている光の密度を濃くすることに集中しつづけます。

さてそうなったら、親愛なる友人である皆さん、いよいよ新しい家のクリスタル構造が完成です。どのようにでも望む通りに終わらせる用意ができています。あとは家に美しさを加えるだけです。意識の中で十分な光と愛を保つと、どんなことでも現実化が容易に、まったく自然にできるようになります。それでは、あなたの日常的な事柄について、この方法を応用してください。あなたが持っているすべてのものに愛と感謝の気持ちをもって、あなたが待ち焦がれてきたような生活を、新しく美しく創造してください。あなたができると信じれば、何でも可能です。

どうか心に留めておいてください……。

ここで説明していることは、五次元の波動の中に存在していることを忘れないでください。皆さんの次元ほど物理的な波動ではありません。また、三次元の世界で皆さんが慣れ親しんでいるような物理的な密度もありません。もし、皆さんが現在の状態でここに来るとしたら、地上のほとんどの人が、私たちの物理的状態では何も知覚することはできないでしょう。私たちにとっての物理的状態は、あなたが感じているのと同じくらいリアルに感じられます。そうはいっても、光に満ちていて限界が何もないということは、物理的状態のある段階を示しています。私たちの次元は、皆さんの現在の気づきや霊的な覚醒状態では、見ることも知覚することもできません。だからといって、がっかりしないでください。皆さんは必ずや進化します。皆さんがハートをより大きく開いて、神聖なる合一へと旅路を歩んでいくにつれて、すべてが気づきへと開かれていきます。現在の肉体に宿っている間に、ますます自分の神性を受け入れ、そして体現していくことになります。最終的な合一を待ち望んでいるすべての人びとのために、ベールがもうすぐ上がりはじめることを信頼しつづけてください。そして、進化のその段階に到達するのに必要なスピリチュアルなワークを続けてください。

地球の内側にあるトンネル

――地下都市と地球内部の都市を結ぶトンネルは、どのように維持されているのですか？

「地下」都市と、地球中心部の都市と、その中間に位置する地球内部の都市をつなぐトンネルには、保守作業はたとえあったとしても、ほとんど必要ありません。保守作業がいらないように建設されてきました。時々、ひどい地震や火山の噴火がこの惑星の地表のどこかで起こったときには、トンネルのいくつかはほんの少し損害を受けることもあるかもしれません。しかし、進歩した技術を使って、お互いに協力して問題箇所を素早く修理します。トンネルの破損はまず起こりません。私たちの進歩した技術は、地球の内側の全文明都市で共有しています。

――各都市の役人は定期的に集まるのですか?

はい、地球の内側にあるさまざまな文明都市の役人と会って、よく会議を開いています。お互いに皆、とても友好的で愛情に満ちています。私たちの間には権力闘争はまったくありません。無条件の愛は、常に大原則です。集まって議論する主な内容は、共同体の利益のために、最も効果的に互いに協力する最善策を見つけるにはどうしたらいいか、ということです。お互いの取引についても議論します。お金というシステムはなくて、皆で余分な品物や食べ物を分かち合っています。また、「地上」の人びとを進化と霊的な通過儀礼で援助する方法についても話し合います。

シャンバラとその役割

――現代と未来における、シャンバラの役割とその起源、政府、主な目的とは何ですか?

シャンバラという都市は、もはや物理的な都市ではありません。かなり以前から物理的ではなくなっています。現在、五次元・六次元・七次元の波動を保ち、まだエーテル界に存在しています。基本的にはこの惑星のエーテル界の本部で、サナート・クマラと彼を手伝う存在がいる場所です。現在、サナート・クマラは公式的には金星に戻っていますが、引き続きシャンバラに焦点を合わせていて、今でも私たちの惑星を援助しています。シャスタ山とワイオミング州のロイヤル・ティトン・リトリート（訳注３）とシャンバラには、この惑星の霊的な管理階層が住んでいて、集って会議をする主要な拠点となっています。シャンバラといま述べた二つの場所は、常にこの惑星の霊的政府の中心地です。もちろん、他にも惑星の至るところに、主要なエーテル界の中心地がいくつもあります。

地球の内側に住む人びと

地球の中心部と内部には、大昔に他の世界や宇宙から来た太古の文明人が大勢住んでいます。彼らは皆、アセンションを遂げた意識の状態にいますが、なかにはある程度の物理的状態に留まっている人たちもいます。大部分が五次元と六次元の気づき、またはさらに高次の気づきをもって生きています。

アガルタ・ネットワークは「地下」の百二十の光の都市から成り立っており、ほとんどがハイパーボーリア人の都市です。少なくとも、四つの都市にはレムリア人が住んでいて、二、三の都市にはアトランティス人が住んでいます。地下都市に暮らす存在で、地上の波動にかなり近い人たちも、アセンションを遂げた状態にいますが、物理的状態をある程度は保っています。シャンバラ・ザ・レッサーという都市が、アガルタ・ネットワークを統括していました。そこにはハイパーボーリア人が住んでいます。つい最近、都市テロスがアガルタ・ネットワークを統括する都市になったところです。

アガルタ・ネットワークの他の都市

ポサイド――初期のアトランティスの在外基地で、ブラジルのマト・グロッソ高原地帯の地下に位置しています。人口は百三十万人。

ションシー――ウイグル族文化の避難先で、五万年前にレムリアから分かれて、独自に居留地をつくることを選択しました。入り口はヒマラヤのラマ寺によって守られています。人口は七十五万人ほど。

ラマ――ジャイプール近くに位置するインドのラマ族の地上都市が残存した都市。住民は古典的なヒンドゥー人の容貌で知られています。人口は百万人。

シングワ――ウイグル族の北方移住者が生き残った都市。モンゴルと中国の国境に位置しており、カリフォルニア州のラッセン火山に小規模な第二都市があります。

内的対話の
質とは何か？
心の中で楽しんでいる
その時々の対話は
あなたが達成したいことを
反映している？

――アダマ

第5章　レムリア人の地上出現に関する最新情報

もうご存知の方も多いと思いますが、私たちと、私たちの教えの両方を受け入れる準備が整って、快く受け入れる人の数がある程度多くなったら、いよいよ大人数で地上に出て行く計画を立てています。皆さん全員と直接会って、知っていることをすべて教える日が来るのをたいへん楽しみにしています。

あなたが自分自身と愛する人のために、今いるその場所で、魔法と楽園の生活を創造する方法を教えたいと思っています。この情報を意識上で受け取る準備ができているすべての人に、シャスタ山の内部に私たちが存在していることを広めてくださるようにお願いします。私たちが「地上」に姿を現わすためにできることがあったら、何でもしてください。絶対に後悔することはない、と私が約束します。

時期や日付を知りたい人が多いことは知っています。待ちきれなくていらいらしている人もいます。理解していただきたいのですが、私たちの出現の時期は私たちの都合によるのではありません。むしろ「私たちはいつでも準備ができています」。時期を決めるのは地上の人びとであり、全体としてはまだ私たちを受け入れる準備ができていません。時期尚早に地上に出てしまうと、私たちの出現する目的は妨げられて明らかに後退することになるでしょう。

——出現のために、私たちは何をする必要がありますか？

まず第一に、私たちは地上の全住民の愛と光の保有率を監視し、記録しています。集合的な慈愛のレベルとハートの開き具合を測定しています。これは単に、私たちが調査しているほんの一つの要因です。まだ他にも重要視していることが幾つかあります。そのほとんどが、集合的な意識と進化のレベル、愛という高次の波動への気づき、神聖な存在として進んで生きる気持ちにかかっています。

皆さんは今、アセンションという壮大な旅に乗り出しています。これから十年先にこの惑星に留まっていられる人は、自分のキリスト意識と神性を進んで受け入れると決めた人です。個人的および惑星的な出来事が良き指導者となって、あなたがその方向に進む手助けをするでしょう。母なる地球は、この惑星で何百万年も彼女自身の道を歩んできて、個人的な進化へ移ることを選び、同じように進化を選択する準備ができた地球上の人類を連れて行くことを決めました。

地球の選択の結果、創造主は光と愛という強力な贈り物を地球に与えてきました。今、この惑星地球に、かつて一度もなかったような新しいエネルギーが殺到しはじめています。これらのエネルギーは日を追うごとに、急速に強烈に頻繁に増えています。七つの主要なゲートウェイが二〇〇二年に創造主の源から開いてきたので、二〇一二年かその先くらいまでにこの惑星を大きく変容させることになります。今から百年後には、この惑星はすっかり変容しているでしょう。

各ゲートウェイには、サブ・ゲートウェイやポータルが多数含まれていて、次のステップに進む人は皆、そこを通らねばなりません。二〇一二年までに、または少々早まるかもしれませんが、「通過儀礼を受ける者」の多くが、魔法と楽園の世界にある五次元の現実へと引き上げられるでしょう。もうしばらくの間は、惑星の変容は皆さんの現在の生き方に応じているので、ほとんど分からないかもしれません。

光は日増しに強烈になっており、あなたが全転生を伴って、畏敬の念を起こさせる冒険へ入るために必要な大変容を促進します。しかし、それには最低のラインがあります。「もうすぐ自分のキリスト意識を進んで受け入れなければならなくなる、さもなければ惑星から離れることになるだろう」というものです。このおかげで、皆さんはかつてより多くの援助を与えられるでしょう。

これが再臨の意味です。地上でのすべての生活は、まもなく地球創造の始まりに授けられた原初の完全性に戻るでしょう。地球に似た惑星が他にも複数存在し、そこでは人びとがまだ神から分離して暴力的な生き方を楽しんでいます。進化せずに現状に留まると決めた魂たちには、地球の代わりに新しい選択肢が数多くあります。

私たちの出現に関して、あなたがしなければならないこととは何でしょうか？　愛する兄弟姉妹たちよ、皆さんが願っているのと同じくらい、私たちも皆さんと一緒になることを楽しみにしています。私たちが地上に出るのは、この惑星上の大部分の人が、全生命形態と全王国に愛と慈愛を持ち、いかなる害も与えないようになってからです。どのくらいの割合かは未定ですが、ある程度の十分な地上の住民が出現を知って、歓迎してくれることも必要となるでしょう。この二つが出現の時期を決定する主な要因ですが、その他にも考慮しなければならないことが幾つかあります。

皆さん全員にとって、もうすぐ表面化するだろうと思われる出来事がいくつかあり、二〇〇八年かその直後に、あるいは少し早まるかもしれませんが、人類のハートと政治的状況において、十分にポジティブな変化が起こると思われます。それによって、かなりの人数が地上へ出て行くことが可能となり、母なる地球と協力して、皆さんのアセンションの残りのプロセスに手を貸せるようになるでしょう。

皆さんは私たちが出て来る日付を聞きたがりますが、あなたはもう必要条件を満たしましたか、と問い返します。親愛なる皆さん、あなたと集合意識は、いつ私たちを受け入れる準備ができるのでしょうか？　実際のところは、宿題をするあなた次第です。皆さんの中に私たちが出て行くという、素晴らしい体験にオープンなあなた自身と他の人たちの準備にかかっています。

――出現を計画していますか？

はい、計画しています。出現計画は伏せておく必要がありますが、極秘のうちに展開していくことになります。最初は、さまざまな場所で少人数の人びとにこっそり会い、直接教えて私たちの愛とエネルギーを伝えます。この少人数のグループはそれから活動を始めて、準備が整って聞くことを望む人たちに、私たちからの教えを伝えます。多くの人が私たちに会う準備ができるようになるにつれて、私たちと会う人の輪が大きく広がっていき、次第に大きなグループになっていくでしょう。

この活動が勢いづくにつれて、より大勢が援助をするために出て行くことになります。十分な数のグループがこの惑星上につくられて私たちとの約束を守っていくなら、私たちと直接会える人の数を次第に増やしていきます。それは、私たちが皆さんの中に完全に出て行くまで続きます。

また数人が、すでに皆さんの次元の中で、素晴らしい活動と準備を始めていることをどうぞ知っておいてください。まだ彼らが「地上」の人びとに身元を明かすことは許されていません。彼らは匿名でそこにいて、これからもそのままでいる必要があります。あなたの意識レベルと波動、動機が五次元の意識と共鳴していなければ、彼らがあなたに接触することは絶対にありません。私たちが皆さんの波動の中に出て来るという印象を持っている人が多いようですが、そうではありません。

私たちが大規模に出て行く二番目の波は、三次元の周波数の中では起こらないでしょう。

その数人以外は、皆さんのレベルへと波動を下げるつもりはありません。すでに皆さんの中に混ざって住んでいる者は例外として、そのうち私たちは見えるようになりますが、すべての人に私たちが見えて、直接会えるわけではありません。私たちは物理的な存在かもしれませんが、皆さんよりかなり高く速い周波数で振動しているので、まだほとんどの人には見えないことを理解してください。そのときまでに、あなたの波動と意識を、少なくとも私たちと会える三分の二まで上げるのが、あなたの仕事です。すなわち、意識的に私たちと会うためには、ほぼ五次元のレベルまで、あなたの波動を上げる必要があるということです。

つまり、こういうことです。将来、私たちの大勢が皆さんと普通に交流するとき、最初の頃は、皆さんがお互いを見て気づいているのとまったく同じように、私たちに気づいて見える人たちもいますが、まだ見えない人が大部分でしょう。求められたレベルに波動を上げていく「地上」の人たちが増えていくにつれて、私たちを見て触れ合える仲間がますます増えるという具合に、徐々に実現していきます。

もしあなたが条件を満たすことを選ぶなら、それならお互いに会う約束ができます。ハートを開いて、私たちはあなたの準備を待っています。私たちは皆さんを祝福し、私たちの魂の中で一人ひとり親しみを込めて抱きしめます。

私はアダマです。

完全性とは存在している状態で
いつまでも拡張しつづけ
永遠へ向かう。
どんなに完全なものに、あるいは
どんな状態に到達したとしても、
必ず、その先があって
さらに開けて広がっていく。
この魔法をつくるもの、
これを光明という。

——アーナーマー

第6章　テロスへのエントリーコード

シャスタ山地下の私たちの存在に気がつくようになった人たちから、私たちに直接会うためにテロスへ行きたいというとても強い願望を感じます。この啓《ひら》かれた文明社会の驚異と魔法を経験したい、テロスや五次元の他の場所に住んでいるかつての家族と再会したい、という強い欲求を感じます。

内なる世界で皆さんの強い願望を感じて、このような考えも聞こえます。「いつテロスを訪ねるようになれるのだろうか？」「いつになったらテロスの扉が地上の住民に開かれるのだろうか？」。最愛の皆さん、待つ状態が久しく続いていますが、それもまもなく終わりを告げるでしょう。これから十年経たないうちにそうなる可能性が高いと予測しています。地上から小グループを少しずつ招待しはじめるつもりです。大勢の人が私たちの生き方を取り入れたときに、皆さんの世界で成し遂げられることを経験してほしいと思っています。もし神聖な原則と真の兄弟愛に従って生きるなら、この惑星でどんな素晴らしい人生が可能かについて、まったく違う見方をするようになるでしょう。

最初のうちと、しばらくの間は、テロスへの訪問は個人的な招待のみであると皆さんが理解することは大切です。この訪問の招待状がどうやって届くのだろうかと気にしないでください。あなたを招待する順番が来たら、たとえあなたがどこに住んでいようとも、知らせる手段はたくさんあります。

私たちは五次元の気づきと完全性の中に生きているため、ある程度の物理的状態を維持していますが、招待される人は、必ず最初に厳密なエントリーコードを満たさなければなりません。エントリーコードという必要条件に合うまでは、個人的に招待されることがないのは確かだと思ってください。

必要条件を詳しく説明することがこのメッセージの目的ではありません。ですが、やはり必要とされることについて、概略を説明させてください。

第一に、資格が与えられるのは、意識が五次元の気づきにほぼ到達した人だけです。つまり、すべての生命と全王国だけでなく、真我と他者も無条件の愛で抱きしめなければならないということです。二元性の意識は、最低でも九〇パーセント統合されていなければなりません。男性エネルギーと女性エネルギーのバランスがきちんととれていることもまた重要です。人生のどの分野においても、害を与えないようにならなければなりません。このことが一体何を意味するかについては、自分でハートの中で掘り下げてください。これは親愛なる皆さんへの宿題です。その宿題は、あなたを「自己発見」へ、つまり真のあなたを見つける驚きへ、すなわち長いあいだ気がついていなかった神聖な自己の資質へと導いてくれるでしょう。

第二に、過去と現在の、感情体と精神体の、すべてのネガティブなものをきれいにして癒さなければなりません。痛み、怒り、嘆き、罪悪感、悲しみ、トラウマ、恥、中毒、絶望、低い自己評価、否定的な印象、不健全な雰囲気などの、過去と現在の全記録を進んで受け入れ、無意識と太陽神経叢《そう》と感情体から解放しなければなりません。もし、神聖な愛より低い波動の感情や思考が少しでもあれば、テロスの高いエネルギーの波動のせいで、それらはマインドや感情の中で千倍以上に増幅されるでしょうから。あなたが入念にそれらの記録を取り除いてこなければ、そのように増幅されたものはトラウマになりかねませんし、あなたは私たちの波動の中にせいぜい数分しか留まれないでしょう。

第三に、七番目の霊的な通過儀礼を完了して、アセンションの儀式の準備ができている段階に到達した人か、ほぼ到達した人たちだけが、エントリーコードを持つ資格があります。この惑星上では、ロード・マイトレーヤとロード・サナンダ（ロード・サナンダは、地球での二千年前の職務で、皆さんの最愛のジーザスとして知られています）がキリスト意識を管轄しています。内なる世界で、彼らにこれらの通過儀礼を受けたいと申請できます。

ほとんどの人が、内なる世界でこれらの通過儀礼を受けていることを意識していませんが、それにもかかわらず通過儀礼は実際に行われていて、どのくらい意識して日々の生活を過ごしているかが判断の尺度となります。通過儀礼の合格と、アセンションと霊的自由への移行は、あなたがこの惑星上で過ごした多くの全転生の目的地でした。七番目の通過儀礼は、もちろん進化の最終地点ではありませんが、しかしテロスへのエントリーコードの必要条件です。すなわち、テロスに入る候補者は、この通過儀礼に到達している必要があります。いまや新しい摂理のおかげで、通過儀礼は今、地球の進化史上かつてないほど早く完了させることができます。以前は何千年もかかっていたことが、今では、もしあなたが選択するなら、今後十年から二十年以内で成し遂げられます。

いま述べたそれぞれの必要条件には、もっと細かい事柄が多数あります。皆さんに目的地が到達不可能だと感じさせて、絶望感を与えたいのではありません。適切な時間をかければ、大勢の人がこの意識の段階に到達するのが可能であることは分かっています。この惑星上で数千人の人びとがすでにこれらの通過儀礼の段階にほぼ達していて、あと数年というところにいます。あなたの周りで毎日会う人たちの中に、そういう人がいることに気がつくかもしれません。必ずしも見てすぐ分かるとは限りません。この段階に到達した人や、分かっている人は、たいていこの情報を他人《ひと》には話しません。さらにもっと大勢の人たちが、絶え間なく、その段階に到達した人たちの仲間に加わっています。

皆さんに必要条件をいろいろお話ししてきたのはなぜかというと、すでに私たちについてはよく知っていても、テロスに来るためにはエントリーコードが必要であることに気がついていない人が多いからです。扉を通り抜ける人は、たとえ誰であっても、どこから来るとしても、五次元の波動へと招待されるのに必要な霊的発達レベルに達していなければなりません。

地道にスピリチュアルなワークをして、アセンションの道で勢いがついてくると、この目的地がますます近くなるでしょう。ハートを愛へと開くと、自分自身が置かれているその困難な状況を経験しつづけるよりも、通過儀礼を達成する方がずっとやさしいことに気がつくようになります。通過儀礼があなたの意識にもたらす精妙な感覚は、テロスへの扉だけでなく、新しいレムリアと魔法と驚異に満ちた他の場所への扉をも開きます。

親愛なる皆さん、愛が鍵であることを、いつも覚えていてください。愛はすべての扉をあなたに開いて、道の途上にいるあなたを、限界のない霊的自由へと素早く前進させます。あなたは愛からやって来て、いま愛へ戻ります。

私はアダマ、あなたのレムリアの兄弟です。

第7章　テロスの子どもたち

――テロスの子どもたちは、地上の子どもたちに直接会ったことがありますか？

いいえ。これまでの数百年間、子どもたちは地上の住民とはまったく接触していません。私たちの望むところでもありますが、あと十年ほどでこの状況は変わってくるだろうと見ています。子どもたちが地上の住民と関わるのは、テレビを通してだけです。そうです、テロスでは地上のテレビ放送網にアクセスできるので、子どもたちの娯楽のためにいくつかの番組を受信しています。

――地球内部の他の都市と、子ども同士で交流していますか？

もちろん、交流しています。休日や祝祭が多いので、いろいろな地下都市とはお互いにしょっちゅう行き来していて、祝祭には子どもたちをよく連れて行きます。私たちの文化はとても開放的で、私たちはいろいろな人と付き合うことも、踊ることも大好きです。他の文化や都市にいる友人や家族をよく訪ねますし、彼らもしょっちゅう私たちのところへ来ます。扉は常に開いています。訪問するのに特別な理由は必要ありません。誰もが、アガルタ・ネットワークのさまざまな都市と、さらに他の地球内部の都市をごく普通に旅行しています。両親の旅行には、社交や家の用事、仕事のためなど、たとえどんな目的のときでも、子どもたちが行きたければ一緒に連れて行きます。子どもたちにとっては大きな楽しみなので、行きたくないと言うことは滅多にありません。

地上の子どもたちとの交流

――将来、テロスと地上の子どもたちの間はどのようになりますか？

私たちの二つの文明社会が一つになるとき、子どもたち同士もまた交流します。子どもたちには基本的にそれほど違いはありませんが、交流していくことには綿密な計画を立てるつもりです。双方の文明社会の子どもたちにとって、たいへん愉快な大冒険となるでしょう。

何度も言われてきたことですが、この惑星は、悟りを得た市民専用の惑星となるために必要な移行をしながら急速に進んでいます。友人である皆さん、この惑星上の暗黒時代は遠からず消え去るでしょう。私たちが長いあいだ待ち続けてきた荘厳なアセンションのおかげで、私たちの二つの文明社会は、子どもたちも含めて一つになります。新しい世界が始まっていくのを歓迎しましょう。「不死鳥」が灰の中から甦《よみがえ》るように、神聖な愛と完全性というまったくの新しい世界が、古い信念体系すべてが崩れるにつれて現われてきます。大昔から皆さんに組み込まれてきた、支配と操作という今では無用の政治体系を皆さんは手放すことになるでしょう。

地球を「不死鳥」になぞらえてください。地球は生まれ変わり、皆さんを一緒に連れて行くでしょう。しかし、それにはまず、あなたの役に立たなくなったものをすべて手放さなければなりません。長い間にわたってあなたを制限と苦痛に縛りつけてきた「現代では通用しない」古い生き方を、進んで手放すようにならなければなりません。灰は、地球と全人類が最初に通り抜けることになる浄化を象徴しています。皆さんの未来は明るく輝いています。自分自身と子どもたちのために希望を抱き続けてください。とても素晴らしい世界が子どもたちを待っていて、そのために子どもたちはここにいます。子どもたちは皆さんに道を示してくれるでしょう。どうすればいいのか、その方法を魂の中ですでに知っています！

テロスでの子育て

（この情報の一部は、オレリア・ルイーズ・ジョーンズがアダマをチャネルしたもので、その他の部分は一九九六年にテロスのシャルーラ・ダックスが発表した情報です）

テロスでは、一組のカップルが聖なる結婚で互いに結ばれた場合にのみ、子どもを持つことが許されます。テロスでの子育ては長期間のプロジェクトなので、子どもを望むカップルは、まず専門的な子育ての訓練を受けなければいけません。地上では車を運転するためには、教習所に通って運転免許証をもらわねばなりませんが、どんなに未熟で感情的に不安定な十六歳の子どもでも、出産することが可能です。このような地上の子どもたちは、人生そのものへの準備も理解も持たずに、もう一つの命をこの世界に連れて来るという重要な責任を担っています。

テロスで生まれた子どもには丸二年の間、二十四時間体制で父親と母親の両方が世話をします。これは子どもの心理的性質にとって極めて重大なことです。父親は、子どもが生まれてからの二年間を市民としての義務から離れて過ごすので、幼児は、父なる／母なる神を地上で表わす両親それぞれと、バランスよく均等に過ごします。政府が生活必需品をすべて用意するため、神殿は実際に両親が必要とするものを手配します。

テロスの新生児は産まれた直後から、実際に十組の代父母《だいふぼ》を持つことになります。これには多くの利点があります。テロスでは、一人の子どもに対して、二十人の愛情深い親のような人たちが幼年時代をずっと導いていくため、子どもは常に十分な世話を受けていると感じます。通常、十組の代父母は全員、自分自身も子どもを持ちたいと願っている人たちから選ばれます。この方法だと、もし子どもが一人っ子でも、常に一緒にいて遊び相手となる代理の兄弟姉妹を持つことになります。子どもが育つにつれて、それぞれの代父母といつも一緒に時間を過ごすようになります。

このように、子どもたちはいろいろなところから愛を豊富に与えられるので、父なる／母なる神が常に存在することを潜在意識にしみ込ませていきます。自分がいつも愛されて、大切にされて、養われていることを早めに学びます。

子どもは三歳になると学校に通いはじめ、十八歳になるまで基礎教育は続きます。三歳から五歳までの間は、週に五日、社会的または芸術的な基礎技術を学ぶように仕向けられた、組織的な遊びに半日ずつ出席します。色彩や数字などの基礎は、ゲームを楽しみながら学びます。五歳からは、皆さんの社会と同じように、学校で過ごす時間が半日から一日になります。

テロスはレムリアの文化圏なので、学ぶ言語はもちろんレムリア語です。レムリア語は、ソラーラ・マルー語として知られる私たちの銀河の共通言語を源としています。サンスクリット語やヘブライ語やエジプト語のように他の惑星から発生した言語もまた、ソラーラ・マルー語に遡《さかのぼ》ることができます。英語は生徒たちの義務ではありませんが、任意の第二言語として教えられています。テロスは地理的に英語が話される国に位置していて、地上のラジオやテレビが娯楽として受信されるので、自然と英語を学ぶ意欲がかき立てられて、ほとんどの人が学んでいます！

すべての子どもの机に、宇宙エネルギーと情報グリッドとつながっているコンピューターが備え付けられています。私たちのコンピューター・ネットワークは生きているアミノ酸でつながっていて、アカシック・レコードとキリスト意識という高次の要素に接続しているので壊れることはあり得ません。その結果、誤差のない真実の歴史的情報が与えられます。

テロスでは学校の教師全員が、男女とも訓練を受けたメルキゼデクの聖職者です。子どもたちが深刻ないたずらをする十二歳ぐらいの年齢になると、同じ年頃の他の子どもたちと一緒にいる時間がもっと必要になり、「グループ」と呼ばれるものに入ります。この集まりは、同世代の子どもから成る女子学生クラブ／男子学生クラブ（訳注6＝アメリカの大学では、学生のサークルは男女別）のようなものです。たいていは十人から二十人の集団で、子どもたちは思春期や青春期の素晴らしい時期をいつも一緒に過ごすことになります。

「グループ」は男女の人数が同じ比率で構成され、その中で結ばれた絆は、大人になってからも、その後もずっと切れることはありません。神殿出身のメルキゼデクの聖職者たちは、まるで守護者のように、グループが成長していくさまざまな過程を導いていくために選ばれます。そのグループ形式を学校の教育課程でも取り入れていて、グループのメンバーはすべての学びを共に経験します。

メンバー全員で青春期のさまざまな問題すべてを体験し、分かち合い、実験し、議論し、それらを通じて成長します。「グループ」はとくに昔からあるティーンエイジャーの難題――むかつく気持ちを扱うのに効果があります。この難題によって、たいてい誰でも創造的な発散方法を発見します。グループのメンバーは人生の重大事件に共に直面し、共有するので、たいてい仲の良い生涯の友人となります。

十八歳になって基礎教育が終了すると、それぞれ次の数年間に進みたい方向を選びます。常に存在する一つの選択肢は、選んだ分野でさらに勉強を続けることです。過去の進んだ文明から収集された膨大な記録が、テロスの図書館の記録保持用クリスタルに蓄えられています。時々、それほど頻繁ではありませんが、ティーンエイジャーがすぐにメルキゼデク神殿に行くのを選択して、神殿の新参者として霊的な訓練を始めることもあります。

別の選択肢として、卒業後すぐにシルバー艦隊《フリート》の勤務に就く道もあります。全地下都市は現在、連邦に加盟しているので、最低一年半をシルバー艦隊で勤務することが、テロスに暮らす全員の義務となっています。この銀河区域で働いている艦隊は多数あります。私たちの太陽系で活動している艦隊の大部分は、シルバー艦隊、アメジスト艦隊、レインボー艦隊です。この三つの艦隊の中で、シルバー艦隊は、惑星地球で生まれた存在だけで構成される唯一の艦隊で、乗組員の大部分がテロスとポサイドの出身者です。

偵察艦は、空で目撃されるUFOとしてよく知られていますが、その大部分がテロスとポサイド出身者から成るシルバー艦隊の偵察艦です。多くのテロス市民はシルバー艦隊の勤務で出世しますが、その他の市民は自分の義務を果たして他の仕事に就いています。

卒業後の別の選択肢は、テロスでライフワークをするための訓練をすぐに始めることです。若者が大人入りすると、テロス社会の一般的な組織に参加するように求められます。テロスで暮らしている者は、誰でもある年齢に達すると、日々の労働に参加しはじめます。一週間に五日間、一日のうち四時間から六時間を仕事に充《あ》てます。このようにして都市を運営しています。誰もが自分のエネルギーにふさわしいところを選びます。こうしてうんざりする仕事を避けて、その代わりに熱中できることをつくっています。たとえば、もし十代の若者が地球や植物や花を好むのなら、果物や野菜を都市に豊富に供給しつづける水栽培の庭で働くことができます。もし若い女の子が踊りたいと強く望むのなら、神殿の踊り手から訓練を受けるために神殿へ行くことができます。他の選択肢には、コミュニケーション、輸送、料理、手工芸、家事などがあります。十八歳という年齢で、子どもたちはそれぞれの人生を踊り出します！

私はアダマ、いつもあなたのそばにいます。

第８章　和合《ユニオン》の神殿

ツインフレームの愛と和合――アダマとアーナーマー

最愛の皆さんに、挨拶と祝福の言葉を送ります。私は皆さんの友、アダマです。今日は、アーナーマーと一緒です。アーナーマーは、一万二千年より少し前にテロスが始まって以来、ここで暮らしている年長者の一人です。アーナーマーは、レムリア大陸沈没に先立つ二千年以上前からレムリアにいて、皆さんの年数で数えるとおよそ一万四千年間、同じ肉体で若さを保っています。とても背が高く、エネルギッシュで、格好よく、三十五歳かそれより少し若いように見えます。

レムリアの時代に、アーナーマーは彼のツインフレーム（訳注４＝魂の異性の片割れ）と一緒に「和合《ユニオン》の神殿」と呼ばれる素晴らしく美しい神殿を建てました。この神殿は、「ツインフレームの愛と和合」に敬意を表して建てられました。アーナーマーと彼のツインフレームは、以来ずっと、この惑星での不滅の愛の尽きることのない炎の守護者でした。ここで、アーナーマーと交替しましょう。

こんにちは、私はアーナーマーです。このメッセージを読んでくださるすべての方に、祝福と愛を送ります。レムリアの時代には、ほとんどの男女が最愛のツインフレームと生涯を共にしていました。あの壮麗な神殿は、結婚式を執り行う場所でした。カップルは、たいへん美しく優雅な衣装に身を包み、不滅の愛の尽きることのない炎のエネルギーを使って、「和合」を神聖なものとして尊重しました。この愛の炎は、レムリアの沈没で地上の波動から消えてしまいましたが、大陸が破壊されたときに、和合の神殿はそっくりそのまま四次元の波動へと移され、その中で炎が保存されてきました。

この神殿は今日に至るまで、シャスタ山に近い地域にまだ存在しています。そこは最初に建設された場所で、現在は五次元の周波数の中にあります。以前の物理的な構造は三次元にはもはや存在しないので、皆さんの現実では見ることはできませんが、私たちにはとてもリアルで触ることもできるということを理解してください。この神殿は繁栄しつづけ、建てられた当初に意図されたすべての機能を今日まで果たし続けてきました。この神殿は、シャスタ山付近のエーテル界に存在する光のクリスタル都市の中にあります。その都市の大きさは、直径が約四〇から六五キロです。この素晴らしいレムリアの都市はやがて波動を下げてもっと物理的になり、皆さんが見て、訪問して、中に入ることができるようになると請け合いましょう。いつ実現するのかと尋ねられますが、正確な時はまだ私たちにすら分かりません。これから十年後かその少しあとではないかと私たちは予想しています。これが実現すると、クリスタルの都市にある他の素晴らしいすべてのものとともに、この神殿も、霊的に発達してこの波動に合うようになる人たちが利用できるようになるでしょう。

ルイーズ・ジョーンズという名前で皆さんが知っているオレリアは、レムリア時代にこの神殿に携わりました。数年前にオレリアは、シャスタ山付近にある彼女の家から数マイルほど散歩しているときに、この神殿の場所を再び発見しました。ここは特別な場所だと気がつきましたが、最初は神秘のベールに包まれたままでした。なぜだか分からないまま、散歩や瞑想のために私たちの場所に惹かれて、繰り返し戻ってきました。私たちは、彼女が週に何度もハートに促されて丘を登るのを眺めていました。彼女が来るのを見ているのはいつも楽しく、とくに最初のときの喜びは格別でした。彼女ともっと直にコミュニケーションできるようになる日が来るのを辛抱強く待ちました。彼女は外側のマインドでは気がついていませんでしたが、内面では毎回、私たちが注目し、愛と抱擁で暖かく歓迎しているのを理解していました。

その場所で、地上の住民と意識的にコミュニケーションできる機会が訪れたのは、何千年ぶりのことです。時折、地域の住民が散歩でその丘を通りますが、この場所がどういうところかには決して気がつきませんでした。ついに、私たちの愛するオレリアは、お気に入りの場所の性質についてと、彼女が強く惹かれていることにはっきりと気がつきました。その場の神聖さへの彼女の愛と強い敬意のおかげで、彼女の前に、以前よりはっきりと私たちを現わすことができて、彼女が私たちとかつてこの神聖な神殿で関わった詳細を明かすことができました。

二〇〇一年の秋に、オレリアは意識的に私たちを正式な出席者として招待し、さらに光の領域からも出席者を呼んで、その場所で結婚式を執り行いました。五次元にある和合の神殿の場所からちょうど一オクターブ下の物理的なその場所で結婚式が行われたのは、レムリア沈没以来、初めてのことでした。これは私たちには非常に愉快な瞬間で、できる限りの援助をしました。私アーナーマーは、式の間、最愛のオレリアと完全に一つに溶け合っていました！

彼女は、外側のマインドでは理解できませんでしたが、素晴らしい経験の準備をしていました。彼女に結婚式を執り行ってもらいたいというツインフレームのカップルに、彼女の内なる導きに従って、この特別な場所を提案しました。テロスの市民は、レムリア評議会と光の領域からの出席者と一緒に、この行事を満喫しました。八百万《やおよろず》の、という言葉がありますが、見えない王国から実際に何百万人もやって来て、エーテル体の姿でこの結婚式に出席しました。ある意味では、彼女に私たちの姿が見えなかったのは幸運でした。なぜかというと、出席した群衆の規模を考えると、むしろ怯《おび》えたでしょうから。まるでテロスとシャスタ山の光の領域から全員がその場に来て、私たちの神殿から一オクターブ下の物理的な場所へ、「ツインフレームのための愛の炎」の復活に拍手を送ったかのようでした。

その結婚式のすぐあとで、この神殿の本当の性質と、式の間に惑星のために起きた素晴らしい活性化について、私たちはさらなる情報を彼女に明かしました。その結婚式は、私たちが物理的次元で素晴らしい始まりをつくる機会となったのですが、彼女は、自分のハートと内なる導きに従うことによって、その機会を用意しました。そのプロセスを見るのは面白いことでした。結婚式以外に本当に起こっていることについて、彼女には何のヒントも与えられないまま、私たちが長く待ち続けてきた筋書きが、完璧に連続して展開していきました。この様子にも、私たちは一人残らず微笑みました。

たくさんの人が発見してきたことですが、結婚生活が破綻していて、持続する幸福や喜びよりもストレスや失望の方が多いことがよくあります。その理由は、ストレスに満ちた関係が、神聖な愛の一体感よりも二元性に基づいていることにあります。そのような一体感に基づいた関係でなければ、あなたが心の奥で切望してきたことを決して満たすことはできません。

さて、友人である皆さん、少し講義させてください。愛の無尽の炎の守護者として、非常に長い間、皆さんの結婚関係を観察してきました。自分自身の外側で、どこかにいるはずの最愛の人を探している人たちに、それでは見つからないと言いましょう。あなたの最愛の人は、あなたの一部です。彼または彼女は、外側の世界で肉体を持っているかもしれませんが、まだその通過儀礼の準備ができてないときにツインフレームに会うことは、少々厄介なことです。もし両者が準備や進化で同じレベルに達していないと、三次元の経験では、人格と魂がいつも両立するとは限らないので、あなたにとって最善となることは滅多にありません。これから言うことをよく聞いてください。

まず、あなたの求めているその愛を、自分の内部で、ハートや魂、全部の細胞と電子の中に探してください。あなた自身の内部で、一体感の中で関係を発達させるところから始めてください。すべてがそこにあり、あなたが注意を向けるのを待っています。あなたの聖なる片割れは、あなたの内部にも生きています。あなたの探し求めている関係は、あなた自身の神聖な真我とあなたとの関係をそのまま反映しているだけです。あなたの本質と、あなたの神性、あなたの人間としての経験のあらゆる側面において、自分自身を愛するようになると、そのとき真我への神聖な愛がハートと人生を支配するようになり、あなたはもはや他の場所を探さなくなるでしょう。あなたはその愛を見つけたことが分かり、それがたとえどのような形を取ろうとも全然気にならなくなります。あなたのハートは満たされて、完全に満足するでしょう。

あなたが霊的にその段階に達すると、真我への完全な愛の鏡や反映は、人生の中にはっきりと姿を現わします。これは聖なる法則であり、あなたを裏切ることはあり得ません。もしあなたの人生の中で現実化させていないのであれば、あなたの準備ができていないか、または内なる世界で待つことを選択しているか、そのどちらか一方です。聖なるタイミングで人生に現われるので、待つ時間というものは全然問題ではなくなります。なぜなら、あなたが切望し、愛する相手とあなたは、ハートの中ですでに一つになっているからです。一度、ハートの中で神聖な愛の状態に達すると、あなたに与えられないものは何もありません。あなたのツインフレームといえども同じです。

神聖な愛の名において、私は今、あなたが真我の中で最愛の人を探しはじめるようにお勧めします。これがツインフレームと結ばれる最も早い方法です。新聞や独身者のクラブに広告を出す必要はありません。彼または彼女は文字通りあなたの膝の上に落ちてきます。そして、あなたがそれを避けることは不可能です。

神聖な愛の抱擁の中で、あらゆる試練に遭遇しますように！　夜、私の神殿に来るように、あなたを招待します。そこで私は、ツインフレームと再会を望む人たちに講義をしています。私は、皆さんの言葉でいうところの、いわゆる結婚仲介人になると申し出ているのではありません。あなたが昔、放棄した真我の素晴らしい部分と、すなわち、最愛の人とあなたの人生に望むその他すべてのものをあなたに引きつけるであろう部分と、あなたが再びつながるように、私たちは喜んで援助します。私たちはあなたのために最愛の人を引きつけることはしませんが、しかし、自分の力で成し遂げる方法を教えるつもりです。皆さんに「神聖な和合」の本当の意味を教えましょう。

夜寝る前に、あなたのガイドに、私たちのクラスに出席するために和合の神殿へ連れて行ってほしいと頼んでください。私は仲間の教師たちとそこで皆さんを迎えます。一緒に楽しい時を過ごせることを保証します。もしあなたが私たちと一緒の旅を覚えていなくても、心配しないでください。ベールが薄くなってくると、やがて夜の楽しい冒険を思い出しはじめる人たちが、だんだんと増えてきます。

私はアーナーマー、「和合の神殿」と「不滅の愛の無尽の炎」の守護者です。

テロスにおける結婚の二つのかたち

テロスではどのように恋愛関係を考えているのか、また地上の皆さんと同じように、結婚して家族を持つのかどうかを大勢の人に質問されます。

私たちはたいへん長生きで、大家族になる可能性が極めて大きいため、すべての人の利益となるように慎重に計画することが最も重要です。地上と違ってテロスでは、もし完全に成熟していなければ、またそのような重要な一歩を踏み出す準備がなければ、家族を持つことは許されません。

テロスでは、子どもには子どもを産ませません。つまり、三次元で見られるようなことは許しません。

私たちの社会には、二種類の結婚があります。一つは「縁を結ぶ結婚」です。お互いに恋愛感情で惹かれた二人は「縁を結ぶ結婚」で夫婦になると決めますが、これは必ずしも永遠のものではありません。結婚すると、一緒に生活しながら、相手から学び合い、一緒に学び、共に成長し、人生を経験し、お互いに心ゆくまで楽しみます。こうするのは、心の底から幸せでその関係に満足する間だけです。ずっと一緒にいる義務はないので、この共同生活は生涯の契約を必要としません。

「縁を結ぶ結婚」では、子どもを持つことは許されていません。子育てはその結婚の主な目的ではありません。この結婚は、数年という短い間から、数百年かそれ以上続くことがあります。避妊は、私たちにとっては問題ではありません。子どもの誕生は、生まれてくる魂にとって、とても貴重で壮大な出来事と考えられているので、子どもは「招待」されたときにだけ産まれます。私たちの社会では、望まない妊娠のようなものはありません。テロスの女性は意図したときだけ、それも真剣に、十分に計画して準備が整ってから妊娠します。性的結合それだけで妊娠することはなく、魂へ明確に呼びかけてから初めて妊娠します。皆さんの社会で、性的結合による望まない妊娠で起きている問題は、歪んだ遺伝上の変化の結果です。これもいずれは癒されます。皆さんが自分とすべての生命形態への無条件の愛を進んで受け入れると、ＤＮＡのコードが完全に回復され、そのとき癒されることになるでしょう。

「縁を結ぶ結婚」では、いつでも婚姻関係を終わらせることができます。相手の感情を傷つけ合うことも、お互いに相手への義務もありません。その後、もし望むのなら他の人と新たな関係を始めるかもしれません。このように、皆さんのように不適切な理由で結婚を続ける者は一人もいません。テロスではどの夫婦もたいへん幸せです。一緒にいることに深い愛も満足も感じないのなら、一緒にいる理由がないからです。このような結婚は、人生や進化が与える多くの経験の一部だと考えられているので、一緒にいる時が終わったと夫婦が感じたら、人生の一部を共に過ごした時間を感謝し合って、先へ進みます。ですから、いつまでも仲のいい友人でいられます。苦しい選択を迫られるようなことは何もなく、別れるときに必要なことは、ただテロスのレムリア評議会に結婚の解消を申請するだけで、いつでも問題なく認められます。

完全な調和と満足、深遠な目的がないのに結婚を続けようと考えること自体、私たちには想像もできません。

もう一つの結婚は「契約を交わした結婚」、つまり「神聖な結婚」です。子どもを持って、新しい魂を共同体にもたらすのを許されるのは、このタイプの結婚だけです。数十年または数百年間縁を結ぶ結婚生活を続けてきた夫婦が、もう十分長く一緒に経験してきたので、お互いへの愛は完璧で、愛は絶対に永久に続くと確信するかもしれません。その時、生涯を共にする契約をしたいと思うかもしれません。

私たちは不老不死ですから、生涯の契約とはたいてい社会での非常に長い期間、たとえば何千年も継続することを意味します。「契約を交わした結婚」には、もはや結婚の解消という選択肢、すなわち、皆さんが離婚と呼ぶものはありません。そのため、夫婦はすでに「縁を結ぶ結婚」を長く続けて、お互いに契約に確信を持てるようになる必要があり、そのあとで永遠の関係と考えられるものを築く選択をします。夫婦の片方か両者が、進化や奉仕でより高次の領域へ移る準備ができるまで一緒にいます。このような場合、片方か両者はテロスを去って、惑星か選択した新しいレベルへ移ります。このようなことが起こるとしたら、非常に長く人生を共にして、最初の子どもたちが成熟し、さらに数世代たった場合のみでしょう。

このタイプの結婚では、子どもは一人か二人、あるいは三人産まれるかもしれません。母親になる人の妊娠期間は、たったの十二週間です。すでに夫婦は「縁を結ぶ結婚」で長く一緒に過ごしてきているので、夫婦として体験したいことは何でもしています。ですから次のステップへの準備は完了していて、家族を持つ特権と栄誉を与えられるほど十分に成熟しており、専門的知識を持っています。

より成熟し進化した人びとだけに、子どもを産む特権が与えられています。高貴な、さらに進歩した魂を誕生させるからです。こうして啓《ひら》かれた文明を永続させています。

私たちの社会に孤児はいません。また、皆さんの社会で見られるような、片親ゆえに直面しなければならないような困難な状況の中で、子どもが育てられることも、捨てられることもありません。私たちは家族の生活をとても注意深く上手に計画しているので、望まれず、放っておかれて、虐待されるというようなトラウマを、子どもたちが被ることは決してありません。子育てに奮闘させられるような子どももいません。どの子も神からの大切な贈り物として考えられていて、両親だけでなく社会全体からも愛され、尊重されています。私たちの文明では、子どもを産む役割の神聖さに完全に気がついています。ですから、その役割を引き受けることが軽々しく捉えられることも、適切な訓練もなく引き受けることも、決してありません。「地上」でも、もうすぐもっと啓発された責任あるやり方で、子育てを尊重しはじめることを祈っています。

テロスにおける男女関係とセクシュアリティー

――アダマ、どうかテロスでの男女関係について教えてください。テロスの人びとはセクシュアリティーをどのように扱っていますか？　どのようにしたら、三次元の私たちはそのような男女関係に進化できますか？

最愛の皆さん、こんにちは。

あなたが私たちの言葉を読んでいるとき、私と私のチームは、あなたのエネルギー・フィールドの中であなたと一緒に時を過ごしていて、本当に楽しんでいます。あなたが神聖な法則をもっと理解して、実際に使えるように伝えたいと、心から強く望んでいます。

私たちが述べるテロスの生活の様子は、この太陽系やこの宇宙にある他の銀河の共同体と、それほど違いはありません。他の惑星上の文明は、私たちとは違うように表現するかもしれませんが、例外なく宇宙の法則を適用して生きていて、その法則は誰にとっても同じです。ある文明から別の文明へ表現されるどのような生活も、多かれ少なかれ、異なっているでしょう。しかし、核となる原則は誰に対しても同じです。「統一意識」、あるいは「普遍的な意識」と呼べるかもしれません。

テロスにおける男女関係と性的な表現は、愛を実際に適用したさまざまな形として理解されていて、皆さんより遥かに進化し、成熟した意識を反映しています。男女関係のための最初のカリキュラムは、一なるものの中での「和合《ユニオン》」で、神聖な愛を体験するのを受け入れることです。皆さんの次元では非常に長い間、男女関係は二元性の意識に基づいてきました。親愛なる皆さん、皆さんはすでに、もはや機能しない関係や、ハートの欲求を満足させない関係に飽きています。

皆さんの男女関係は、たいていの場合、さまざまなレベルの苦痛とハートからの切望を引き起こしてきました。今、皆さんは男女関係についてもっと理解したいと深く求めはじめています。現在、男女関係について、自分が歪んだプログラミングから成る現実を持っていることに気づきはじめている人が大勢います。そして自分という存在の内部で、男女の極性のバランスをとるためにハートを開きはじめています。

まず、男女関係は何といっても、自分と始めることであると理解してください。あなたにとっての「大切な他人《ひと》」とは、あなたが共に進化し、その人から学ぶための単なる鏡にすぎません。自分を愛する以上に、あなたを愛することができる人は誰もいません。また真実の愛という意味では、自分を愛する以上に、他の誰かを本当に愛することもできません。このことについてよく考えてください。

あなたは自分自身に愛を与えようとせず、その愛を他人から得ようとしています。愛を求めて誰かを探しているときには、いつも必要性をつくっています。

あなたは、自分が求めているような男女関係を自分に引きつけるための、適切なバランスを体現していません。そのようなときにあなたが強く望んでいる関係は、一なるものではなく必要性に基づいています。皆さん、これでは決してうまくいかないでしょう。うまくいったとしても、あまり長くは続きません。アンバランスな関係においては、双方とも相手の鏡となって、必要性、所有権、非現実的な期待、支配、操作など、バランスのとれていない部分を反映することを覚えておいてください。皆さんの次元における男女関係の、まったくうんざりするほどの不平不満は、皆さんの方が詳しく知っているはずです。

二人の人間がそれぞれ、女性エネルギーと男性エネルギーのバランスがとれていて、真我の内部で欠けたところがなく完全なときにはいつでも、二人とも自分自身をとても愛しているので、誰か他の人に感情面での必要を満たしてもらうほど貧弱ではありません。満たされ、楽しみ、成功を感じています。相手と一緒でも、相手がいなくても、人生を満喫しています。貧弱でバランスがとれていないと感じる人たちの内部にある愛の欠乏感や虚しさを感じることはありません。

このバランスが達成されると、そのときに、ただそのときにだけ、あなたという存在である「我れなるもの」が、あなたの人生に適切な関係が現われるようにと召喚します。それも、あなたが望んでいて、それがそのときの道にふさわしい場合のみです。ハートの中でのツインフレームとの「神聖な和合」は、あなたの大いなる自己の介在によってのみ、人生で現実化することができます。

テロスでは、すべてのレベルで一〇〇パーセントに満たない関係を受け入れようとした人、あるいは我慢

しようとした人がこれまでに一人もいないほど、私たちは自分自身を尊重しています。

私たちの社会では、互いに平等であると考えて、相手の神性と魂の道を尊重します。皆さんの社会は少しずつ変化してきて、いま女性は同等のパートナーとしての女性の可能性に目覚めつつあります。しかし今でも、言葉や肉体的な虐待はもちろん、不平等を耐え忍んでいる女性が甚だ多く存在しています。愛されるに価するとまだ感じていない人があまりにも大勢いて、誠実さや自由のない、暴力、剥奪、権利侵害を我慢しています。このようなことを自分には分相応だと、あるいは罵倒されるような関係を普通の人生だと考えている人が、まだあまりにも大勢います。アメリカ合衆国でさえ、このような意識がまだ多く存在します。さらに悲劇的なことに、この惑星には女性に権利がまったくない国がいくつか存在しています。皆さんには私の話している内容や国が分かると思います。新聞やテレビのニュースで見たことがあるはずです。

私たちの社会では、また進化したすべての社会では、男性と女性は互いに神の二つの側面と見なされています。女性は神聖な母の諸相を表わしており、男性は神聖な父の諸相を表わしています。夫婦はいつも尊敬し合い、敬愛の念をお互いに抱いています。彼らの意見がいつでも一致するということはありませんが、願望や見方が違うときでさえも、お互いの価値観を尊重し、そのことで喧嘩や議論はしません。正しいか間違いかというようなことに執着しないので、見方が違うからといって互いへの愛を退けることは少しもありません。

夫婦は望む限りの時間を共に過ごします。いつでも相手を育み、愛し、パートナーとしてお互いに感謝を示したいと思っています。私たちは一週間に二十時間ほどしか働いていないので、残りの時間は自分の好きなように自由に使えます。家や共同体の多くの社会的・芸術的集まりで、夫婦で楽しむ時間がたくさんあります。決して押しつけることなく、いろいろな創造的な方法でお互いに育み合います。親切や優しさ、愛情を惜しみなく与え合うのが大好きです。セクシュアリティーや触れ合いを望むときにはいつでも、美しくリラックスした雰囲気の中で表現します。

テロスでの恋愛関係は、皆さんが社会で扱わねばならないような、生存のための肉体的な苦痛や財政的困難に左右されません。男女関係に皆さんの抱えているようなストレスはないので、夫婦間で愛と調和を保つのは皆さんより容易です。愛と、成熟した意識と、地球への尊敬のおかげで、私たちの要求のすべてを満たす供給の流れが、宇宙から途切れずにやって来ます。これは皆さんが目指しているごく近い将来の状態です。

家賃の支払い、子どもの養育、薬代の支払い、納税のために、私たちはお金を稼ぐ必要はありません。生活必需品すべては誰でも無料です。皆さんの世界での暴政はまもなく終わりを迎えて、おそらくこれから十年から十二年以内に、全般的なストレスが著しく減少するでしょう。

――思春期の年頃の子ども、およびティーンエイジャーの男女関係について、教えてください。

子どもがある程度の年齢に達して、成長ホルモンが非常に活発になる頃は、実験的な恋愛関係も許されています。本能的な欲求を無理やり抑え込むことはしません。十三歳か十四歳になると、聖職者の監督下でお互いのセクシュアリティーについて体験することが許されます。この賢い教師たちは、彼らにセクシュアリティーを成熟した責任あるやり方で表現するような心構えをさせます。それから彼らは自分の責任で交際して、教わってきたことを体験することが許されます。セクシュアリティーは必ずお互いに純粋な喜びと楽しみを伴って表現されます。やがて、複数の相手と体験したいという若さゆえの要求が消えて、そのとき初めて成熟して契約を望むようになります。このように、テロスでは十代の子どもたちが大人になる過程として、セクシュアリティーを自由に実験できます。

魂の道を分かち合うために結婚を願う二つの魂や、単純に強く惹かれ合う二つの魂が、契約を選択する時が来ます。たいていの場合はより成長するための契約なので、必ずしも最初に永続性ということを考える必要はありません。二つの魂が「契約を交わした結婚」をするとき、相手を神聖な全なるものの一部として尊重します。このような関係では、多くのストレスを経験することがほとんどないので、結婚は数年から数百年続くかもしれません。

もし両者が結婚生活の終わりを感じたとしたら、または終わらせるときには、とても友好的で愛情に満ちた態度で合意して、円満に別れます。彼らはお互いにこう言うでしょう。「本当に、どうもありがとう。この結婚を通して成長できて、お互いにいろいろ学べて、とても素晴らしかった。これまで分かち合ってきた愛と優しさと愛情をありがとう。お互いに、霊的に成長して、知恵を獲得したことにも感謝します。それぞれ次の人生経験と魂の進化のために違う道へ進むけど、残りの人生も友達のままでいましょうね」

テロスでは、パートナーたちはお互いに対してとても大きな愛情を抱いています。二つの魂が「契約を交わした結婚」を長く続けて、何百年も何千年も一緒にいたあとでさえ、お互いへの深い愛情を経験するとき、彼らはたいていツインフレームです。遅かれ早かれ、その二つの魂はレムリア評議会へ「神聖な結婚」をするために許可を申請します。このような結婚は永続的であり、この次元で両者が生きている限り常に一緒にいます。

――テロスでは、パートナーたちはどのようにセクシュアリティーを表現するのか教えてください。

ある意味では、私たちの肉体は皆さんほど物理的密度がないので、私たちはお互いにもっと深く、もっと親密に溶け合うことができます。私たちが一つになるとき、その愛の合一の中で、すべてのチャクラはもちろん肉体も溶け合わせます。私たちは性行為を「神との合一」と捉えており、チャクラを総動員して必ずハートと連動させて、その経験はとても素晴らしいものとなります。私たちの性的な表現は、まずハートの火を呼び起こすことが基本です。

地上の性的な表現では、創造性と生き残りという最初の二つのチャクラだけしか使っていない人が大多数です。パートナーと本当に「愛している状態にいる」人たちは、さらにハートのチャクラもたいてい使っています。テロスでは、お互いに深い愛のない状態で、あるいは気に入られたい目的や操作する理由から、性的な行為が行われることは決してありません。

私たちのレベルまで進化すると、皆さんよりも遥かに多くのチャクラが活性化されています。完全に活性化されている主要なチャクラは十二個あり、そのうえ、これらのチャクラそれぞれに、活動している下位のチャクラが十二個ずつあります。性的な表現ではこの一四四個のチャクラが使われます。神聖な女性と神聖な男性としての二人が、神聖な愛を表現して深く愛し合うとき、合一のエネルギーは太陽系中に響き渡ります。パートナーたちの愛と合一の機会への感謝のしるしに、その合一のエネルギーが父であり／母である神の元へはるばる戻っていくように感じられます。そして創造主のエネルギーと溶け合い、本当にハートから一つになる行為となります。これが私たちのセクシュアリティーの見方です。

歪んだ性的な風習

長い間、波動という点で高いものから低いものまで、皆さんの性的な表現を見てきました。私たちが皆さんにお勧めするのは、他者に対してほとんど愛のない、あるいは愛がまったくない性的な出会いが、どのように感情的に悪影響を及ぼしているかを評価し直すことです。性の歓びを決して経験しないことを確実にするため、女性がまだ幼いときにクリトリスを切り取る国が今もなお存在しています。言い換えると、彼女の女神としての側面が完全に否定されているのです。すべての文化において、男性のエネルギーによって、またセクシュアリティーに妊娠を混同させることで、この惑星の遺伝的構成を操作してきた者たちによっても、女性は性の歓びを否定されてきました。

もう少し、付け加えましょう。この惑星上の非常に多くの女性が、自分のセクシュアリティーと女神のエネルギーを切り離してきました。なぜかというと、虐待され、酷使され、冒涜され、暴行され、抑圧され、辱められてきたからです。過去の時代には、女性は一般的に性の対象として、つまり男性の肉体的また感情的な要望を満たすために、男性の官能の所有物として使われるより他には価値がないと感じていました。もう、男性も女性も根深い傷を癒すときです。

子どもを産むことについて

私たちは、望まない妊娠という重荷や心配をすることなく、セクシュアリティーを完全に自由に楽しむことができます。妊娠するのは、魂が私たちの共同体で進化するために、意図によって招待されるときだけです。その後、微細なエネルギー体（訳注7）の中でまずエネルギー的に妊娠し、それから肉体に現われます。「聖なる結婚」においてのみ、夫婦は子どもを産むのを許されます。夫婦は、子どもを持つことを決めると、神殿へ行って彼らの意志を神官長と話し合い、この特権を受け取る許可を申請します。霊的にかなり成熟した夫婦のみが、出産で魂に肉体を与えることを許されます。これは啓かれた文明すべてについていえることです。

夫婦が共同体に新しい魂を産むことを認められると、神聖な召喚が検討されます。そのとき、両親となるべきその夫婦は、その特別な特権のために、光の領域にいる候補者の一人か数人と直接つながります。いったん候補者が選ばれると、生まれてくる魂と両親となるべき人たちの間で、内なるレベルで何度も会議が開かれます。妊娠のための準備期間は六カ月から十二カ月ほどです。その神聖な契約の準備がすべて整うまで、

（訳注7） 微細なエネルギー体＝感情体、精神体、エーテル体などのさまざまな精妙な波動のエネルギーの体のこと。

魂の道と目的は念入りに研究されます。

前もって最善で完全な準備をしない出産は、私たちの社会では思いも寄らないことです。

新しい魂が共同体に生み出すであろう影響に、私たちは完全に気がついています。魂が宿る妊娠期間は十二週間です。両親となる人たちは、かかりきりでその重大事の準備をするため、一時的に神殿に移ります。その期間中は、夫婦として可能な、最も純粋な愛をお互いにたっぷりと与え合います。波動を高める音楽を聞いて、この上もない美しさに身を浸します。神殿の聖職者たちは、共同体の一部となる運命の魂を敬い歓迎します。子どもたちは完全に必要とされ、望まれています。妊娠期間中、生まれるのを待っている魂は、両親や共同体の愛を十分に感じます。

テロスの子どもは、地上の子どもより少し大きめに産まれて、もっと早く成長します。知恵や知識の点でもそうです。地上で子どもたちが経験する困難を多少は経験するかもしれませんが、とくに思春期には、彼らが問題を通して育ち成熟するのを援助する方法がたくさんあります。それぞれの子どもの通る道は常に理解され、尊重されているので、それぞれの子どもに必要な配慮は行き届いています。

――どうすれば三次元にいる私たちが同じような意識状態へ進化できるか、何か話してもらえますか？

ええ、もう進化は始まっていますよ。皆さんは気づきが増え、意識が目覚めて、進化しはじめています。私たちの情報を読んでいる人たちは、書かれた内容を理解しはじめていますから、自分でこのような人生をつくりたいと望みます。このような啓かれた社会に住みたいと望みます。あなたがより高い意識の原則に共鳴しはじめると、あなたもまた創造しはじめます。これから数年で進化するでしょう。近い将来には、ますます大勢の人たちが、私たちがいま伝えている情報に自分の意識を開いていきます。この人数が増えるにつれて、物事がかなり速く変化していくことが分かるでしょう。

ご存知だと思いますが、意図が現実をつくります。十分な人数の人が変化を望んで、自分と人類のために新しい現実をつくろうとして意図を明確に述べるとき、単純にそうなります。皆さんの一人ひとりが、自分と人類と惑星のために、愛と平和と調和の使者となることが現時点では大切です。あなたの周囲のできるだけ多くの人に、人生に違いをつくると感じるこの情報を伝えはじめることはとても重要なことです。

繭《まゆ》の中で沈黙している時は過ぎました。皆さんの一人ひとりが、あなたの通る道にいるすべての人に向かって、あなたの愛と光と知識を輝かせる必要があります。

あなたが新しく理解したことを輝かせて発するほど、あなたの内側と惑星上にその輝きはどんどん広がっていくでしょう。このようにして進化が進んでいきます。私たちの本を最初に読んだフランスに住む人たちの間で、気づきの上で明らかにシフトが起こり、悟りを得た人生を望む人が実際に増えてきたことに私たちは気がつきました。また、男女が以前よりももっとお互いを尊重するようになったことにも気がつきました。

男性、女性どちらの体であっても、誰もが自分の神性を進んで受け入れ、一なるものの中で両方の性のバランスをとりはじめる必要があります。分かりますか？　あなたが自分の内側にある男性性と女性性の双方をきちんと受け入れていて、同じように両性を自分の内側でバランスよく受け入れている誰かと出会うと、あなたはその人との関係において、以前より遥かに満足することが可能で、そのような新しい体験を生きはじめることになります。

適切な知識と情報は、魂に変容をもたらす栄養をつくります。もっと多くの人がこれらの概念に気がついてハートを開くようになると、「百匹目のサル」現象で大衆意識に広まります。意識と生活スタイルが飛躍し、これから数年でこの惑星上の人びとが変わるのを見てください。

このような情報を進んで受け入れる人の数が多くなればなるほど、人類が高次の意識へ開かれるのがより速く展開するでしょう。神聖な法則のこれらの概念は目下のところ、ほんの僅かな人のハートの中にある初期の状態です。このことを受け入れられる人たちに、あなたが新しく発見したことを話すにつれて、彼らは目覚めて成長するでしょう。意識におけるこのような飛躍をハートで望む人の数が十分になってしまうと、成長が起こるのを止められなくなるでしょう。なぜかというと、ちょうどいま惑星に注がれているエネルギーは、今までにないほど成長を促しているからです。文章や教えを通じて眠っている人びとに伝えるかどうかが問題なだけで、そうすれば長いあいだ隠されてきた真実を人びとに認めさせることになります。

第9章　テロスにいる動物

テロスには、私たちが絶滅から救った多種の動物がいます。

大陸が滅亡すると分かったとき、私たちの命を守って、すべての古代文明の記録を残らず保存するために地下都市を造りました。そのとき、その当時存在していた全種類の動物から数匹ずつ命を助けました。このことは『聖書』のノアの話になぞらえることができますが、各種類から二匹ずつ箱舟の中に助けたノアの話よりもっと壮大な規模です。種として自分たちの故郷へ帰る選択をした動物たちを除けば、まだこのときの種の大部分が生きていて、今日まで私たちが保護しています。

レムリア消滅はアトランティス沈没より少なくとも千五百年は前なので、私たちが助けた種の数は、アトランティス最後の沈没の様子が記されている『聖書』の物語に出てくる種の数を遥かに上回っています。アトランティスが沈む頃に存在した動物の多くの種は、大陸崩壊よりもっと前に、すでに地上から姿を消していました。

動物も、皆さんとまったく同じように何度も生まれ変わります。

動物という形態は、常により大きな全なるものの中の拡張した一部です。動物も含めて私たちは皆、広大な光の存在が拡張した一部であり、あまりに広大で驚異に満ちているので、あなたは自分の本当の神性を理解しはじめたら、驚きのあまり呆然と立ち尽くすことでしょう。多次元という概念は、限られた三次元的な思考では完全に理解するのが難しい概念です。神は自らの存在と愛の本質の中でますます範囲を広げてさまざまな形をとりながら、絶え間なく創造を続けて、自らを永久に拡大し、拡張しています。動物王国は、無限に拡張されたその数多くの表現のうちの一つにすぎません。すべては神の一部です。親愛なる皆さん、ありとあらゆるものがそうです。

あなたが「いのち」（神）の一部分を傷つけるのを放っておくとき、全なるものだけでなく、自分自身を傷つけていることになります。

内なる世界では、あらゆる動物は優れた知性を持っており、あなたが現在の気づきの中で想像しているものとはかなり違います。世界や惑星を統治している動物もいます。動物は多次元の中で生きています。すべての動物は、すべての人間とまったく同じように、オーバーソウル（訳注8）や高次の自己を持っていますが、その性質はほんの少し違います。その違いとは、動物は皆さん以上に、皆さんも属しているもう一つの領域の一部となるように創られていることです。このように、動物は神性のもう一つの側面である、より大きな意識体の拡張部分でもあります。

（訳注8） オーバーソウル＝高次の自己（ハイアーセルフ）を共有する魂。

意識は神という最高レベルから、岩や鉱物という一次元の最低レベルにまで広がっています。ありとあらゆるものが、さまざまな形態で現われている神です。

次元が高くなればなるほど、愛についての理解がより深くなり、気づきがさらに広がります。動物は皆さんと惑星を共有しています。なぜなら動物は、あなたと同じように、三次元の経験をするためにここへ来るのを選んだからです。動物はまた、あなたがまだ理解できない方法で人類を手助けするために、そして教師の役割でも来ています。皆さんと違う体に入るのを選んだからというだけで、皆さんより劣ることにはなりません。仮にそうだったとしても、とても多くの動物が現在の地上で受けている仕打ちを、道徳的または霊的に正当化することはできません。動物の体は、三次元での表現において皆さんより倍音低く振動しているにすぎません。

長い間、あなたが信じ込まされてきたような違いはありません。動物を私的利用するために、地上の多くの人間がそのような言い訳をしてきました。

あなたは限られた理解の中で、利己的な手段や利益に使うための日用品として、多種の動物を見ることを自分に許してきました。黄金の法則は人間の王国にとってだけでなく、感覚を持つすべての存在に適用される必要があります。もしあなたがこの惑星という土台の上で進化したいのであれば、この惑星上に生きるすべての生命形態やすべての王国に対して、言葉や思考、感情、行動を通して、無条件の愛に従うことによってのみ進化を達成することが可能です。これが唯一の方法です。なぜなら、愛が唯一の鍵だからです。

どんなに小さな生きものでも、必ず愛を通して顕在化されてきました。

ですから、もし先へ進みたいのなら、どんな生きものに対しても「愛さない」という選択肢はあり得ません。精霊の世界においては、動物は四次元や五次元から機能しています。皆、高次の光の体につながっています。すべての人間もまた、自分自身の大いなる自己とつながっています。「神の臨在」とも呼ばれる大いなる自己は高次元に存在していて、各自のハートの中にも生きています。

あなたという存在の大いなる自己、すなわち「神の臨在」は、光り輝く、たいへん聡明で力強い、無限の、完璧で荘厳な存在です。地球での三次元の人生は、本当のあなたの神性のほんの一部分を反映しているにすぎません。

生きものにおいて、そして高次の領域においては、劣るもの、低いもの、良いもの、良くないもの……などはありません。これらはすべて、人間の限られた気づきによるレッテルです。すべては等しく愛され、絶え間ない動き（進化）をしている神の表現として考えられます。あなたと動物との間に違いはありますが、しかし信じ込まされてきたようなものではありません。友人である皆さん、地下都市では動物をたいへん敬っていて、進化という梯子《はしご》上にいる弟や妹と見なしています。

私たちは、自分が受け取りたいと思うのと同じ思いやりをもって接しています。

たとえば、人間のある家族に十人の子どもがいるとしましょう。年下の子どもたちの方が人生経験がより少なく、年上の子どもたちほど物事をまだよく知らないという理由だけで、彼らが年上の子どもたちより劣っていると言うつもりですか？　年下の子どもたちはあとから生まれたので、同じだけの愛と思いやりをもって扱われる価値がないと言うつもりですか？　まだ年上の子どもたちほど成長していないという理由だけで、虐待されることがあるのも当然だと言うのですか？

皆さんはそう言わないだろう、と私は思っています。なぜなら、彼らが数年ですぐに追いつくことを、皆さんはよくご存知だからです。友人である皆さん、それは動物についてもいえることです。「一なる神」という一家の中での階級、または子どもたちという点で、私たちの惑星を共有する動物は若いメンバーです。私の言わんとしていることを理解してくださることを期待しています。最も大きなものから最も小さなものに至るまで、すべての生きものは意識を持っています。究極的には、すべては平等であると考えられます。

以前にも述べましたが、長い間にわたって地球の表面から絶滅してきた、とても多くの種類の動物をテロスで世話しています。私たちより長く地下にいる他の文明社会も、さらに古い時代に地上から姿を消してきた、とても多くの種類の動物を世話してきました。私たちのところには、あらゆる大きさの猫がたくさんいます。五～六ポンド（二・三～二・七キログラム）から数百ポンド（百ポンド＝約四五キログラム）までさまざまです。地上の犬や馬より、もっと進化した犬や馬の種もいます。動物たちがやがて皆さんの間に出現するのを許されるとき、皆さんは大喜びするでしょう。

テロスの大部分の動物は、いま皆さんのところにいる動物より大型です。たとえば、大きな猫の多くは地上の猫のほぼ二倍あります。多くの馬は地上の馬よりも大きいのですが、皆さんが本当に楽しむことができる大きさを維持している馬もいます。

動物たちは私たちにとってたいへん愛しい存在です。動物たちを皆さんの手の中に解放するのは、皆さんの世界から完全に暴力がなくなってからであることを承知してください。

テロスでは、どの動物も穏やかで、ネガティブなことやどのような暴力にもあったことはありません。誰でもまったく安全に動物に近づいて、抱きしめることもできます。動物は人間を怖がりません。また互いを殺すことも、食べることもありません。すべての動物が菜食です。テロスの動物は、狩りをされることも檻に入れられることも決してありませんでした。寿命を全うすることを許されているので、地上の動物より、もっと長生きです。

動物たちが少しでも傷つけられる可能性や、ここでいつも受け取っている愛がほんの少しでも減る可能性がある限り、地上の文明社会に動物たちを解放する危険は冒さないことを承知してください。私たちは各動物のユニークな知性を理解しているので、どのようなレベルにおいても服従させようとする必要がこれまでに一度もありませんでした。彼らは人に従順で、進んで人を喜ばせます。

どんな動物とも完全に協調するために必要なのは、テレパシーでのコミュニケーションだけです。

地球の内側にある全文明を代表して、私は皆さんに申し上げます。親愛なる兄弟姉妹の皆さん、皆さん全員がマインドとハートを動物王国に開いて、動物への見方や接し方を変えはじめるのを見守るのはたいへん喜ばしいことで、とても期待しています。

私たちは愛と光と友情を皆さんに送ります。私たちは地上へ出るときをとても楽しみにしています。そして再び皆さんと一緒になり、握手を交わし、戦争、支配、貪欲、恐怖、操作、果てしなく続く官僚主義によって妨害されることのない、愛と平和と兄弟愛の波動の中で、何千年も生きて学んできたことを皆さんに教えましょう。

新しい地球の市民全員のために、一緒に明るい未来をしっかりと築きましょう。

私たちが地下の住居から出て来るときには、惑星のどの国やどの都市へもつながるトンネルの迷路を通っていきます。私たちを迎えることにハートやマインドを開くすべての人にとって、大いなる喜びの時となるでしょう。私たちは皆さんの兄や姉であり、皆さん全員をたいへん愛しています。

無害になるという課題を学びなさい――
言葉、思考、感情のいずれでも
命あるどんなものにも
害を与えることがないように。
害を及ぼす行為も暴力も
痛みや苦しみ、死ぬべき運命の世界に
あなたをとどめることを知りなさい。
――マハ・コハン、ベネチアの聖パウロ

地球内部や地球外文明からの干渉について

――地球内部の存在が、地上の出来事に干渉することがあると聞いています。いつ、どのように、そのような決定がされるのですか？　また誰が干渉するのですか？

地球内部の存在は、地上の事柄に干渉することを許されていません。また、地上の人びとの自由意志に口出しすることもできません。私たちは惑星銀河連邦に所属しており、十二人評議会の監督下にあります。この惑星で地上への干渉が必要なときには、この議会が管理します。私たちは議会の要請と完全な許可のあるときだけ干渉することができます。しかし、私たちが決して何も干渉しないという意味ではありません。分かっていただきたいのは、今までは、つまり惑星地球での「大いなる実験」が終了するまでは、私たちが人類の自由意志の選択に干渉するのは適切ではなかったということです。レムリアとアトランティスの二つの主要な大陸が沈没したとき、私たちは干渉しませんでした。また皆さんが選択してきたどの戦争にも、荒廃の状態にも干渉しませんでした。

この惑星がまさに経験しようとしている神聖な介入は、実は創造主が直接起こした介入です。そのために、何百万もの他の銀河系から数え切れないほどの宇宙の存在が、つまり皆さんをたいへん愛している、皆さんの宇宙の兄弟《スペースブラザー》が、今ここに何億人もいて、この「大いなる移行」の期間中、皆さんとこの惑星を準備し援助しています。多様な地球外文明の中で援助に来ているのは、アルクトゥルス人・プレアデス人・アンドロメダ人・シリウス人・金星人・ケンタウルス座のアルファ星の人びと・ニビルとオリオンのポジティブな人びと、その他にも大勢います。

実際に見えて触れる状態で、宇宙の兄弟と再会するのを待ち望んでいる人が大勢います。宇宙の兄弟は、皆さんの魂の家族です。皆さんの「未来の自分」の友人や家族です。彼らは地球を宇宙空間の大災害から守ってきて、あまり被害を受けないようにたびたび介入してきました。皆さんに知られずに、まだ無条件の愛や真の兄弟愛を受け入れるようになっていない宇宙の他の文化によって侵害されないように、地球と皆さん全員を何度も守ってきました。アルクトゥルス人やシリウス人、プレアデス人、その他多くは、皆さんのとても大切な宇宙の友人であり守護者です。現時点でもまだかなり大勢がここにいて、これから起こる変化と次元の移行の間、皆さんを手助けし、そしてこの惑星を安定させようとしています。彼らはまた毎日、皆さんに愛を送っています。

皆さんがどのように惑星と神の家族としてのお互いを扱っているのかを観察するのは、とても悲しいことです。地球内部に住む全存在に許されてきた唯一の干渉は、皆さんが苦しみ、悲しみ、嘆いているときに、皆さんに愛と光を送って慰めることだけです。とても長い期間、私たちはベールの向こう側から、地球の内部から、皆さんを導き教えてきました。私たちの叡智、恵み、愛、そして平和と繁栄を願う真の兄弟愛からのワークを、皆さんと分かち合ってきました。あなたが夢を見ているときや転生の間に、一緒にワークしてきました。何千年にわたって、預言者や偉大な聖者や神の化身《アバター》が、何度も皆さんのもとへ送られました。残念なことに、ほとんどが無視されるか迫害され、そして多くの場合は殺されました。

かなり昔に、地球内部の存在と、地上で進化中の魂の集合体との間で協定が結ばれました。皆さんの分離の実験には手を貸さないでいるべきだというものです。皆さんが進化し課題を学ぶために選んだ道は、干渉されてはいけなかったからです。同じことが私たちと母なる地球との間にもいえます。すなわち、彼女は自分のからだの快適さや美しさを犠牲にして、皆さんの選択すべてを皆さんに経験させてきました。最高位の創造主に、地球での大いなる実験はもう終わりだと命じられる日まで、彼女は皆さんの選択をすべて許してきました。そして、友人である皆さん、その日が来ました。皆さんが目覚めて神性を回復するために創造主が下したその布告は、この宇宙全体とさらに遠くの宇宙まであまねく響き渡りました。地球のすべてが今、「大いなる再会」と「大いなる移行」のために準備を徹底しています。先へ進む時です。後ろへ下がらないでください。古きものを手放し、新しい世界を受け入れてください。

ミステリーサークルについて

——地球内部の存在がミステリーサークル(訳注9)に関与していると言われてきました。地球外の存在と合同

(訳注9) ミステリーサークル＝広大な畑の作物が円形や幾何学図形になぎ倒される謎の現象。

で、わざと行っているのですか？　ミステリーサークルはやがて常に描かれるようになるのですか？　もしそうなら、その役割は何ですか？

ミステリーサークルは、たいてい四次元と五次元の庭です。実際のところ、地球内部の存在と地球外文明の存在とディーバの意識の協同作業ですが、主として地球外の存在の働きによります。皆さんの好奇心を刺激してマインドを広げるのを助け、皆さんを新しい考え方にオープンにするために、三次元に一時的につくられます。この現象の目的は、自分を入れてしまった小箱からあなたが出るのを助けるためです。創造と宇宙のより大きな全体像を進んで受け入れはじめるときです。これらのミステリーサークルは、音と光を発するようにコード化されているので、あなたの魂と神聖な意識を再び目覚めさせる手助けをするでしょう。

将来あなたがつくるであろう美しい庭を考えてください。その庭は、あなたの新しい家の美しさと調和しています。その庭をミステリーサークルと比べてください。それほど遠くない将来、いまミステリーサークルと呼んでいる奇妙な現象をよく目にするようになり、もはや奇妙だとは考えなくなるでしょう。ミステリーサークルは未来の美しい庭で、光と色と音に溢れています。あなたは意図を使って、周波数とコードという点でミステリーサークルに似ている、とても素適な庭をつくるでしょう。その庭には、たとえ何でも欲しいものを加えることができます。たとえどんなものをあなたの創造性が生み出すとしても、ほとんど努力せずに現実化するでしょう。そのような庭では、花も果物も途切れることがありません。やがて他のものが欲しいと考えると、その時点で、新しい創造物がすぐに現実になります。

ミステリーサークルは、いま皆さんを楽しませるために目の前に現われていて、未来を垣間見せています。大いなる移行に先立つ地球の浄化のあとで、皆さんの前方に現われてくる驚きのすべてに、ハートとマインドを開いてください。

クリスタルについて

——これから数年後のクリスタルの役割は、どのようなものですか？

クリスタルには、形態と波動と次元がそれぞれ数多くあります。クリスタルもまたそれ自身の知性と気づきの形を持っています。クリスタルは進化していて、とくに皆さんが神性の意識にいるときに奉仕するようになっています。三次元で気がついているクリスタルについての知識は、たいへん限られたものです。

四次元と五次元では、クリスタルはもっと明るく、より透明で、さらに光を発しています。なぜかというと、現在皆さんが知っているクリスタルよりも、遥かに多くの光を吸収して保つことができるからです。クリスタルはどんなふうにでも、その形態、大きさ、波動、光をあなたの必要に応じさせることができます。あなたは意図で、クリスタルを具現化できるようになるでしょう。クリスタルを入手するのに、もはや法外な値段を払う必要はなくなります。あなたの愛と光のレベルに従って、また神の資源を適切に使うことによって、クリスタルはあなたの目の前に現われるでしょう。

クリスタルは、進歩したテクノロジーが使う主要なエネルギー源となるでしょう。私たちが地球内部の都市から出て行くときに、皆さんに伝授するつもりです。この宇宙のどこかへ旅するために、また大宇宙の心《ユニバーサルマインド》から情報を検索するためにも、クリスタルを使うでしょう。地球における「現存する図書館」(皆さんの完全な物語のこと)のすべてを、本より、むしろ大きなクリスタル製図書館に貯蔵できることに気がつくでしょう。さらに、どこからでもどんな情報でも素早くアクセスするテクノロジーを持つようになります。地球自身のクリスタルグリッドは、すでにアセンションのために活性化されてきたので、今このグリッドは、エネルギーの癒しや情報のために大勢が利用できるようになっています。

皆さんの世界に生まれた「クリスタルチルドレン(訳注10)」は、DNAの中でこのグリッドと直接つながっているので、このグリッドを使ってコミュニケーションできます。あなたも、この形態の意識を開いていくという選択肢を持っています。この大いなる目覚めと移行の期間中に地上に住むすべての人も同様です。電磁気のグリッドとクリスタルグリッドが移行してきたことで、最大の移行ともいえる人類の意識の移行が可能になっています。

あなたは自分の家や公共の建物を建てるために、木材、煉瓦、セメント、合成材料を使わずに、さまざまなタイプのクリスタル構造を使うようになるでしょう。まるでクリスタルの宮殿のような家に住むようになるでしょう。

(訳注10) クリスタルチルドレン=従来にはなかった、クリスタルのプリズムのようなパステル色のオーラを持つ子どもたち。主に一九九〇年代以降に誕生しはじめていて、たいへん愛情が深いという性質を持っている。

りますが、それでもまだプライバシーを保てます。このようなクリスタル構造はあなた自身のエネルギー構造を強化し、多次元のＤＮＡの中で多くの変化を援助します。ＤＮＡは、あなたがアセンションで五次元かそれ以上の波動へと向かうときに信号を送ります。

あなた自身のクリスタルのエネルギー・グリッドを活性化して、あなた自身が持つテレパシーのエネルギーが増えると、この惑星の周囲の離れた地点にいる相手とのコミュニケーションに、もはやクリスタルの現物を使う必要がなくなります。この惑星を囲んでいるエーテル体のグリッドと同じように、あなたは地球全体を覆うクリスタル・グリッドにただ接続するだけです。空間を移動するときに、まだテレパシー技術が使えるレベルに到達していない人びとは、惑星間および銀河間のコミュニケーションのためにクリスタルを使うでしょう。宇宙船の中のコミュニケーションシステムは、一つ残らずクリスタルが基盤となるでしょう。クリスタルとクリスタル・エネルギーは無限に使えます。

ポータルとゲートウェイの守護者たちについて

――ポータルとゲートウェイについて、そしてそれらを守って調整している存在について説明してもらえますか？

本日は時間があまりありませんので、この件については、基礎的な概略の理論に簡単に触れるだけにしておきます。お話しできることはもっとたくさんありますが、いま長々と話すのは適切ではありませんので。

ポータルに興味を持つようになるのは、あなたが宇宙をもっと理解するために意識の拡大を望んでいることをはっきりと示しています。三次元の気づきを超えて存在する次元には、入り組んで複雑なことが無数にあります。ゲートウェイやエネルギー・ヴォルテックスや多次元の回廊、そして惑星の、銀河の、宇宙のグリッドシステム、光のバリアー、タイムカプセル、その他にもまだ知られていないとても多くの概念があり、それらの概念へも意識を広げなければなりません。これらはすべて巨大な宇宙システムの中で、相互に関連して働いている構成要素です。友人である皆さん、このすべての概念や現実、そしてそれらがかき立てる魔法や不思議は、まもなく発見されて皆さんのものになるでしょう。あなたと地球は、より高次の周波数と次元に進化しているところなので、あなたは現在よりもっと意識して、その一部を使いはじめるでしょう。

あなたの質問が、ポータルやゲートウェイの守護者についてでしたので、簡単に次のように説明したいと思います。ポータルとゲートウェイと多次元の回廊は、宇宙の源である神という最高レベルから、創造された全宇宙と全次元とその下位の全次元を経て、一次元のほんの小さな生命の部分に至るまで、山のように存在しています。また、ヴォイド（訳注11＝空《くう》）の中にもあまねく存在します。

ポータルとゲートウェイは、神という源のエネルギーが神の創造物すべてへと広がる方法です。また、源のエネルギーが宇宙レベルから、銀河レベル、太陽系レベル、惑星レベル、そして全次元と全生命周波数などへと、だんだんと降りてくる方法です。ポータルとゲートウェイと多次元の回廊にはさまざまな種類があり、それぞれが特定の機能を果たしています。たとえば、ある種のポータルは源のエネルギーの周波数を下げるために使われますが、他のものは次元間や惑星間、太陽系間、銀河間、宇宙間を旅するのに使われます。

何億もあるポータル、ゲートウェイ、回廊のそれぞれが数学的正確さをもって機能しているため、無秩序にはなりません。この話題はとても広大なのでほんのわずかな部分しかここで取り上げられませんが、この話題に含まれていることと、偉大な調和の中で簡単に効果的にそのすべてが一緒に機能している方法に、もっと気づきを広げていただきたいと思います。

――これらのポータルやゲートウェイを守り、監視しているのはどのような存在ですか？

皆さんがＥＴ（地球外の存在）と呼ぶ存在ばかりでなく、おもに天使の領域から進化した存在です。彼らはこの「仕事」を志願してきました。志願者は光の領域の各グループに大勢いるので、順番にその職に就いています。いつでも、誰にとっても、退屈な仕事になることは決してありません。これらのポータルや光の回廊には、色とりどりの不思議で興味深い「快適なステーション」がいっぱいあります。宇宙旅行者は、そのとても美しい場所を利用して友人と会い、エネルギーの補充をし、あるいはただ情報や方向を受け取ります。時々、多くの次元から来る存在たちが偶然に出会う光景も見られます。

次に述べるのは、この惑星と太陽系と銀河にあるいくつかのポータルのための指針です。同じ原則がどこでも適用されますが、ただ周波数の高いところへ行くに従って、ポータルの指針も高度に進化されたものになります。

最初の規則は、自分が到達している意識のレベルより高い次元へ通じるポータルやゲートウェイを自由に旅することは誰にもできないということです。まず、行きたい場所の住民の許可を得なければなりません。まだそのレベルに達していない魂でも、保証人となる高次元の存在が付き添って目的地まで連れて行くときには許可される場合があります。そのレベルに到達している惑星の次元上昇したマスターも、連れて行くボランティアになるかもしれません。

たとえば、もしあなたが父なる／母なる神との面談のために、個人的にこの宇宙のグレート・セントラル・サン（訳注1）に呼ばれるようなことがあれば、サナンダや聖母マリアや聖ジャーメインのような存在があなたをそこへ連れて行くことができます。あるいは、使者が向こうからあなたを迎えに来るでしょう。そこへ行くためには、あなたはさまざまな多次元の惑星、銀河、宇宙の回廊とゲートウェイを通って旅しなければなりません。もしそれらの回廊を旅するための宇宙のパスポートを持っている誰かが一緒でなければ、遥か彼方のグレート・セントラル・サンへあなたは行かせてもらえないかもしれません。守護者の役割は、さまざまな惑星体系と銀河と宇宙の完全さと純粋さを維持することです。

回廊、ゲートウェイ、ポータル、グリッドシステムのそれぞれは、保護している場所の周波数に共鳴する存在によって守られています。もし周波数が調和しなければ、入ることは拒否されるかもしれません。このような規則はポータルと回廊の完全さや純粋さや効率を保護します。もしグレート・セントラル・サンやこの銀河の中心へこれらの回廊を通って旅することになったとしたら、地球の次元から物理的に非常に遠いということを理解してください。もし私がすべての手順を詳しく説明するとしたら、本の数章を費やすことになり、これがどんなに複雑かが分かるでしょう。

実際には、そのような場所へ旅するのに必要な進化レベルに達したときに、遥か彼方のそのような場所や、行きたいところへ行くのに要する時間はほんの数秒とかかりません。これらの回廊のおかげで、宇宙旅行者は数えきれないほどの惑星や銀河、さらにこの宇宙を越えたところでさえも訪ねることができます。もし眺めを楽しむためや社交のために、宇宙のハイウェイの停留所に何回か止まったりしなければ、ほんの一瞬まばたきする間に、そこに着きます。

私たちの太陽系と天の川銀河では、大昔に、アルクトゥルス人が多次元のポータルや回廊のほとんどをつくって、維持する仕事に携わりました。彼らはこの仕事で優秀な専門家となったので、彼らの専門的技術はこの宇宙全体のあらゆるところでずっと必要とされてきて、今後もそうでしょう。ポータルの守護者の役割は、とても純粋で叡智ある場所にしみ込んでくる、望まれないエネルギーを防ぐことです。また、多次元旅行を学びはじめた旅行者や、回廊を初めて通る旅行者に、方向、道案内、休憩、情報を提供することも役割です。皆さんはこの守護者たちを「外交関係のチーム」と考えるかもしれません。

実を言えば、何ひとつとして、いま私が説明した通りには起こりません。複雑なので簡単には説明できませんし、三次元の見方では理解不可能です。今回は、基礎とはいっても、その仕組みの概念について話しました。宇宙船もまた、回廊やゲートウェイというこれらのシステムを通って、どのような行きたい場所へも迅速に移動します。

アルクトゥルス人が、この銀河の主なポータルのマスターであり守護者だと私は言いましたが、彼らだけではありません。各惑星体系は自分たちのポータルや回廊の体系を持っていて、たいてい同じ体系出身の発達した魂によって守られ維持されています。なかでも、シリウス人とアンドロメダ人もまた、アルクトゥルス人と親密に連携して、多次元への開口部を広く数多く維持しています。

皆さんの中でスターシードの方々は、つまり他の世界からこの惑星に来た人は、すでにこれらのポータルや回廊や守護している存在についての大部分をよく知っています。肉体にいないときに行き来する方法をすでに知っています。アセンションと悟りという視点での、ここでの進化のプロセスをいったん終了したら、あなたはこの方法をあっさりと思い出すでしょう。あなたの素晴らしい宇宙のパスポートは、以前に許可された範囲より遥かに拡大された宇宙旅行の舞台へのスタンプを押されて戻ってくるでしょう。退屈あるいはうんざりすることは永遠にない、と私が保証します。あなたは、すべての可能性をせっせと探求し、可能性を拡大する人たちに自由に加わるようになるでしょう。

第11章　不老不死の身体

私アダマは今、シャスタ山内部の五次元の都市から皆さんに話しかけています。私も含めて、テロスのレムリア十二人評議会は、このメッセージを読んでくださる大勢の方々とこうして心を通わせる機会を持てたことに、感謝の意を表明いたします。

私たちはハートを皆さんに対して大きく開いています。どうか同じように、あなたのハートを私たちに開いてくださるようお願いします。私たちとコミュニケーションしたいと思うときにはいつでも、私たちとのハートのつながりに意識の焦点を合わせるようにお勧めします。私たちには、あなたの人生でバランスをより必要としているさまざまな局面を癒す能力があります。数多くの方法で手助けしたいと常に願っていて、いつでも援助が可能で、準備も整っていることを知っておいてください。ハートとマインドを私たちに開くと、そうしないでいるより遥かに時間を短縮できて、人生の局面を素早く変容させられます。誰もが近道を楽しむことが分かっているので、あなたが意識的に私たちにつながると、あなたの重荷を軽くし、霊的プロセスを加速するために、多くの近道をつくり出して援助できます。

皆さんと同じような、見えて触れ合える肉体をまだ持っているかどうかを多くの人に尋ねられます。私たちの完全なエーテル体の肉体を、あなたの次元では見えなくて触ることもできないと解釈している人もいます。分かりやすく説明しましょう。私たちは進化してきて、今では五次元の周波数で振動する存在です。体は持っていますが、不老不死の完璧な状態に達しました。いつでも見えて触れ合える状態になれるように、体に十分な密度を保つことを選択してきました。一方では、どんな制限も経験することはありません。私たちの肉体の青写真は、皆さんと同じ、本来の太陽の青写真(訳注12)です。

とても長い間、皆さんは地上でこの重い密度を経験してきました。私たちのＤＮＡも、重い密度に自分自身を変容させる前の皆さんのＤＮＡと同じです。ＤＮＡが進化した結果、私たちの肉体はもはや退化することも老化することもありません。皆さんと同じように、私たちも自分の肉体を感じますが、三次元の密度まで周波数を下げるのは、もはや快適とは感じられません。

私たちのほとんどは自分の意志で複数の次元へ行く能力があって、そうすることで、柔軟さや自由、喜びを十分に得られます。

私たちの肉体は、皆さんがいつも願っている完全な段階に到達しました。ですから、私たちは皆さんよりもかなり高い周波数で生きています。私たちの肉体は、常に創造主が意図した完全さをもって機能しています。

(訳注12) 本来の太陽の青写真＝グレート・セントラル・サンから生じた原初の創造の完全性を持っているということ。私たちが地球に最初に人間としての肉体を持ったときには、体には神聖な完全性がありました。今でも、細胞の構造とＤＮＡの中にあります。

す。基本的に、皆さんの体も私たちの体も同じ潜在能力を持っています。すなわち、同じ神聖な青写真から創られているのです。

最愛の皆さん、このことが示しているのは、これから数年の短い間で、あなたの気づきが、三次元の周波数の制限と判断から五次元の気づきと無条件の愛へと移行するにつれて、あなたは私たちのように体の周波数を上げていくということです。かなり短期間のうちに、あなたのまさに目の前で、あなたの肉体がどんどん変容していきます。あなたは自分の肉体の変容を見て、感じて、体験する喜びを味わえるでしょう。

体の変容の仕方は、人によって違います。あなたは、苦痛や苦しみ、欠乏の中に自分を留めてきた古い信念をすべて手放すでしょう。あなたの体は若返りを体験しはじめ、太陽の完全性という本来の青写真に従って再び機能するようになりますが、以前よりもっと多くの属性が加わっているでしょう。

レムリアの時代も含む何世代もの黄金時代の間は、誰もが、五次元と三次元の周波数を行き来できる体と、五次元の意識を持って生きていました。それはとても面白く心躍ることでしたが、やがてこの惑星に一連の出来事が起こったおかげで、ほとんどの地球の住民が、永久的に三次元の意識へ焦点を合わせるようになってしまいました。皆さんは、五次元の現実に再びつながることができなくなったのです。

まもなく、意識を**愛**の周波数へと進化させて、そこで意識を保てるようになると、あなたの体は現在の密度を削ぎ落とすでしょう。かつてレムリアの時代に持っていた「魔法」が、楽しみと多くの宇宙探検のために戻ってきます。皆さんの体は、私たちと同じように再び不老不死となり、限界がなくなります。

そして今回、その魔法は昔より遥かに素晴らしく感じられるでしょう。なぜなら、相当長い間、その魔法を使わずに人生を体験してきて、かなり困難な人生を歩んできたからです。それらの贈り物が消えてから、皆さんは多くのことを学んできました。とても長く苦しみ、また皆さんの魂は数多くのレッスンを学んできたので、人生のあらゆる局面において、皆さんが不滅と神聖な完全性という贈り物をおろそかにすることは二度とないでしょう。

肉体は意識を反映する鏡です

——健康の分野における次の発見は何でしょうか？　健康に関する習慣に干渉または指導することがありますか？

健康に関する習慣、食生活、皆さんが受け入れるのを選んできたストレスの多い生活、感情面の過度の負担、ヒーリングの形式には口を出しません。皆さんは自由意志を経験するためにここに来たのですから、いま選択している生活態度に関して、私たちはただ提案することができるだけです。健康やヒーリング、老化に対する私たちの取り組み方は、皆さんとは大いに異なります。

まずテロスでは、肉体的衰えや病気などを持つ人は一人もいません。私たちの生活の中では、思考、言葉、行動のすべてにおいて、常に神聖な原則を適用します。体は、衰弱や老化、死の徴候が一切なく、何千年も生きるように計画された、素晴らしい完全な乗り物としてつくられたという信念体系を持っています。テロスでは誰もが経験していることなので、この概念は極めて自然です。楽々と肉体を不老不死にできるので、誰もがそうしています。私たちは十分に不滅性を享受していて、一万五千歳またはそれより上の年齢の人でも、四十歳を過ぎて見える人はいません。テロスには三万歳を超えている人もなかにはいますが、三十五歳くらいに見えます。病院、老人ホーム、看護師、医師、歯科医師、健康保険、その類のものは、何ひとつテロスにはありません。

私たちは、純粋で高いエネルギーの波動を含む食べ物だけを食べます。その食べ物は自分たちで生産していて、完全に有機的で、完全なバランスがとれた豊富なミネラルを含んでいるので、強く若い体を永続的に保ちます。皆さんの口に入る食べ物の九八パーセントは、化学的な保存料、食品添加物、除草剤、殺虫剤、過度な低温殺菌等の人工的な化学成分で作り変えられ、毒性のあるものになっています。

皆さんの食べ物の大部分が、発育不全で、とても人工的で、生命力を奪われているといえるでしょう。

口にするまでの間に食べ物はすでに古くなり、加工されて自然な栄養素は激減し、もしわずかに残ったとしても生命力はほとんど失われています。

皆さんの食べ物と食べ方は、健康で丈夫な肉体を不老不死の状態に維持するのには役立ちません。口にする全食品について、ラベルに表示されている成分を読みはじめてください。そうすれば、どんなに人工的で合成された食品を食べているかに気づきはじめるでしょう。原則として、食品のラベル表示を読んでも成分がよく分からない場合には、それが何か調べるか、そうでなければ、ためらわずに「買わない！」と宣言してください。

地上の人びとが毎日、体と魂に与えているものを観察していますが、食べ物の育て方や扱い方から考えると体の具合がひどく悪くても当然なのに、それほど悪くないので驚いています。肉体という創造物はそれほど畏敬すべきものなので、肉体のありがたみを忘れて当然なことと考えないようにしてください。肉体は、人間の姿をとった存在が進化するための道具です。肉体はあなたの神聖な神殿なので、できる限り大切にして、愛する価値のあるものとして捉えるべきです。

肉体で経験している「不調や病気」は、ライフスタイルや意識の反映にすぎません。

もし私たちが皆さんの食べ方や生き方を真似するなら、私たちには死を誘《いざな》う罠となるでしょう。残念なことに、地上では普通と考えられており、疑問を持つ人がほとんどいません。皆さんはいわゆる「健康上の発見」をする科学者や保健所ではなく、意識の気づきと肉体への深い感謝を必要としているのです。

皆さんの体が、三十歳直後から年をとりはじめるのも当然です。どうりで、六十歳かそこらでほとんどの人が健康上の問題で悩み、退職金や社会保障で暮らすのを楽しみにするわけです。地上の大多数の人が九十歳を超えられないでしょう。

何世代にもわたる貧しい食生活、ストレスの多い生活、義務の予防接種のせいで、誕生した時点ですでに体の組織は弱まっています。体が調和した状態を保てるような、質の良い食べ物を体に与えることがまったくないからです。

なぜ、皆さんは体をおろそかにするのですか？　活気に満ちた健康や若さを維持するために、なぜ、必要不可欠なものを体に与えないのですか？

なぜ、体を大切にしないのですか？　本当に必要なものを体に与えないで、せいぜい一時しのぎの応急策を当てにしているのでしょうか。自分の外側に、本当のヒーリングはありません。すべては、あなたの現在の意識と信念体系から始まります。体を養い育むようになり、自分自身で発見することが一番です。私が「育む」という言葉を使ったことに注目してください。そうです、あなたの体には、地上ではとくに、今あなたが自分に与えている以上にたくさん、育み、愛することが必要なのです。

親愛なる皆さん、自然に戻ってください。自然が尽きることはありません。感情面での過剰な負担もまた肉体の健康状態に深刻な影響を与えます。運動不足、新鮮な空気の欠乏、大勢の人が仕事で体に受ける毒性の量、ストレスの多さ、そのすべてが体を衰弱させています。アメリカや世界中で、非常に多くの人が気密性の高い建物の中で働き、コンピューターの前に座って、さらに／あるいは電話の受話器を手に持って机の前に座り、一日中、循環している空気を吸っています。帰宅するまでには疲れすぎて運動もできない状態になるか、さもなければ自分で「きちんとした食事」を作りますが、それも電子レンジで温めるだけの、加工処理された生命力のない夕食に頻繁に頼りすぎています。

さらに、口に入れる飲み物を調べてください。ほとんどの飲み水が、合成塩素やフッ化物、その他、水を浄化する化学物質のような害のある物質を含んでいます。供給される水の九五パーセントは水道管から出て、あれこれ浄化されています。供給される水がどこから来ているのか、また安全で飲みやすいと思われるように何が施されているのか、調べてください。飲料水は皆さんの基準では安全で飲みやすいかもしれませんが、もはやヒーリングや若返りの特性は全然含まれていません。

コーヒー、ソーダ、ビール、酒類全般、その他の合成された飲み物について、どのくらいの量が毎日世界中で売られて消費されているか考えてください。あなたの体は定期的に浄化され、不純物を取り除く必要があります。体を絶えず健康な状態に保つためには、純粋で透明な「不純物のない」水を毎日飲む必要があります。

不調や病気のすべては、医学の権威が何という名前をつけようとも、同じ原因から生じています！

不調や病気のすべては、遺伝面・栄養面・精神面・感情面での不調和と毒性によって生じます。体や人間の姿という器をとることについて、もう少し悟りと喜びをもって尊敬することで、そのすべてが実に簡単に変えられます。病院が病気の名前に貼るレッテルは相対的なものです。そのレッテルは、不調和が個人の体にどのように現われるかを認知しているだけです。

これから数年で皆さんは健康面で大発見をするだろう、と予言します。その大発見とは「気づき」です。気づきによって、皆さんは食生活をがらりと変えて、運動量を増やしはじめ、もっと楽しみ、肉体的および感情的ストレスを減らし、病気や疲労の状態をつくっていた古い信念を手放すことができるようになります。全体的で統合された生活様式が発見され、望む限り長く体を完全で健康な状態に保つために、大いに役立つでしょう。親愛なる皆さん、真の癒しとは、魂と意識からのみ来るものです。外側の治療方法はいつでも二次的なもので、それらから得られるのは自分の内的な変化の反映にすぎません。

先の問いに対する答えを、「肉体は意識を反映する鏡です」という言葉で締め括りましょう。この惑星で人間の肉体を持っているあなたは、「鏡の家」に住んでいるのです。

あなたが感情を癒して、自分自身を無条件に愛し、高次の意識のあり方へと開き、日常の生活でこれらの法則を適用するにつれて、あなたの肉体は変化と変容を反映するでしょう。古い諺《ことわざ》に「人よ、汝自身を癒せ」とありますが、まさに皆さんが発見することになる叡智です。

意識を上げる方法

どのように意識を上げるかという話題は広範囲にわたります。もし本を書くならば、それだけで百科事典丸ごと一冊ほどになるでしょう。この質問に対する答えは何千もの面を持つダイヤモンドのようなもので、それぞれの面が意識を上げる道を示していて、皆さんがこの惑星上の人生について現在理解している範疇を超えています。

意識を上げるのを望む前に、たぶん自分自身に次のような質問をするでしょう。

＊ 意識を上げるというのは、どういうことか。
＊ なぜ人は意識を上げたいと思うのだろうか。
＊ 意識を上げると、何が起こるのか。
＊ 私の現在の生活に、どのように影響するだろうか。
＊ 文字通り決して終わりのない……つまり永遠へのスピリチュアルな旅には、どんな結果が待っているのだろうか。
＊ 神性を完全に受け入れるとは、どういう意味か。

一度、これらの問いに対する答えをハートの中で深く考えはじめたのなら、そのプロセスはもう始まっています。あなた自身の神なる自己が、あなたの許す分だけ入ってきて、プロセス途上にいるあなたを援助するために促しと導きを送りはじめるでしょう。親愛なる皆さん、そのプロセスは各自特有の道に従うにつれて、またプロセスに注いでいる行動と熱心さの量によって、徐々に展開していくものであることを覚えておいてください。

いったん、これらの質問について理解を深めて進歩すると、意識を上げることはより簡単になります。意識を上げることから無限に発見していく面白いゲームができます。基本的にそれは「自己発見の旅」にたとえることができます。

さきほどの問いにそれぞれ簡単に答えておきましょう。これらの概念を千倍以上に広げることを宿題にしましょう。マインドの中であまり考えないで、主にハートを使ってください。最愛の皆さん、あなたのハート、神聖なハートは、魂の至高の知性です。

――意識を上げる、または広げるというのはどういうことですか？

それは人生の全レベルと全局面でもっと気がつくようになっていくことを意味しています。自動操縦で生きるのをやめる、他人に自分の力を譲り渡すのをやめるということです。段階的に神性へと開いていくこと、つまり、あなたという素晴らしい霊的存在へと開いていくことを意味します。あなたは今、人間としての経験をしている最中ですが、この現在の人生において学びたいと思ったレッスンがあったので、この転生の前に、人間という経験を自ら選択したのです。

また、生活の中での愚行をやめることも意味します。少なくとも、毎日いくらかの時間をとって「本当の自分」を探究するために瞑想や黙想をすることです。自分自身をすべての可能性へと開きはじめてください。驚嘆すべきことや美しさを探し求めてください。それらはあなたの内側に、そしてあなたの周囲の至るところに存在します。また自然の中にも、さらにあなたが見て、感じて、触れる場所のどこにでもあります。以前にはまったく注意を払わなかったこの地球の他の王国が、いかに入り組んで複雑であるかということを探究してください。あなたのハートを探究して、その内側にいる黄金の天使を発見してください。黄金の天使とはあなたの真の「自己」であり、時を超えて存在するあなたのアイデンティティーにおけるもう一つの局面です。

あなたが母なる地球と呼ぶ存在の愛と忍耐が、いかに広大で素晴らしいかを探究しはじめてください。自分自身を尊重しはじめるとき、地球という存在と彼女のからだも尊敬してください。というのも、地球はあなたが意識と波動を上げるときに強力な援助ができる存在だからです。

一時的に人間の経験をしている、無限で神聖な存在としてのあなたの本当の性質を自己発見する素晴らしい旅をいま始めてください。

——なぜ私は意識を上げたいと望んでいるのでしょうか？

この数千年間、地上での人間の経験はかなり困難で挑戦に溢れたものでした。それは主に、この惑星の地上に住む人びとの意識のレベルが落ちてしまったからです。皆さんは、初期の三つの黄金時代の、高次元の意識の栄《はえ》ある高みから、自分自身をゆっくりと下降させてきて、現在では本当の自分である神聖な存在を描けなくなっています。大多数の人にとって、現在の生き方は魂にふさわしいものではありません。一般に、人間は自分の神聖な性質との接触を失ってしまって、自分の神聖な性質を覚えていません。多くの点において、いまだに自分自身の外側で神を崇拝しつづけています。

再び「神である状態」にまで意識を上げて、自分の神性を最大限に受け入れると、神聖な生得の権利である以前の天賦の才能がすべて回復します。ベールの向こう側にいる本当の自分という無限の神の持つ安らぎ、魔法、優雅さを、日常生活で再び表わせるようになるでしょう。あなたは現在まで抱えてきた痛みや苦しみという限界を永遠に越えるでしょう。

――意識を上げると、何が起きるのですか？

現在の意識状態でどのように制限されているかについて、もっと気づくために時間を使うことは、あなたの役に立ちます。次に、自由についてその真の意味とあなた個人にとっての意味を、時間をかけてよく考えてください。人生に足りないものは何か、また、どのように人生が展開するのを見たいかを決めてください。あなたの夢は何ですか？　現在の人生の間に、現実化したいことや自分がなりたいものは何でしょうか。あなたの目標は何でしょうか。

限られた知覚力を超えて意識を上げるとき、何でも持つことが可能だと理解していますか？　このようにして、私たちはテロスに楽園や完全な生活をつくってきました。私たちはハートとマインドを開いて、この惑星の生き方として意図された完全さと無限を理解し、受け入れました。

意識が低下する前の、何百万年前のこの惑星での三つの黄金時代はこのような状態でした。まだ信じている方もいるようですが、人類の堕落はイブがリンゴを食べたことではありません。この話は寓話であり、たとえ話ですが、いずれにしてもあまり良い出来ではありません。意識の低下とは、当時到達していた高い意識の中で、両極性を経験したいという願望からつくられた妥協案のことです。そして、皆さんは疑いや恐怖の体験を創造しはじめて、そのときに存在していた完全さから隙間をつくって、その中に自分の意識を持っていきました。

皆さんは、高次の意識という魔法の知識を意識的に手放して、いま経験している二元性という隙間へと、自分をゆっくりと降下させはじめました。以前の知識は気づきの外側へと失われていったのですが、そうですね、それは何十万年間かそこらか、いや、もっと長くかかっています。

最愛の皆さん、このことは皆さんがまだ魂や潜在意識の深い奥底にこの知識を所有していて、現在の気づきにその知識を復活させるのが可能であることを示しています。長い間、あなたを制限してきた間違って歪んだ信念を手放していくにつれて、以前の状態を思い出すようになり、現在の物理的生活の中で、以前のような状態を完全に表わすことができるようになるでしょう。

――意識を上げることは、私の今の生活にどのように影響するでしょうか？

意識を上げていくと、あなたの欲望や興味、生活における優先順位が変化するでしょう。自分以外の外側の何ものにもとらわれなくなり、あなたが、あなただけが、あなたの人生の創造主で至高の権威者であることを理解しはじめるでしょう。外側の経験にでたらめに振り回される代わりに、だんだんマスターのように自分の生活に責任を持ちはじめるようになります。あなたは新しい気づきを使うようになります。また、自分自身に新しい現実をつくるために、意識を拡大することで得られる知識も使うでしょう。あなたがつくる新しい現実は、あなたが常に望んでいた限界のない現実です。

あなたは、かつて可能だと思っていたよりもさらに多くの美しさ、喜び、安らぎ、流れ、愛、幸せに満ちた生活をつくりはじめるでしょう。これが、意識を上げることによって現在の生活に起こってくる影響です。この新しい現実にハートを次第により大きく開いていくにつれて、また現在の限界の中にあなたを留めている、もう役に立たない古い信念体系を感情体と精神体から取り除くにつれて、あなたの願望と夢のすべてが現実として現われはじめるでしょう。あなたがいつも望んでいた生活がたとえどんなものであっても、あなたは望むような生活を自由に送れるようになります。

――私が意識を上げるとしたら、どんな結果が起こる可能性がありますか？

意識を上げて生じる結果は、無限で限界がありません。あなたは宇宙レベルで進化を続けて、いつまでも永遠に向かって意識を上げ続けるでしょう。自分の本当の正体が、愛によって創造された愛の子ども、つまり永遠で不滅の存在であると理解するでしょう。あなたは愛からやって来て、ますます大きな愛へと絶えず広がっていくだろうと分かるでしょう。あなたは全知の光り輝く神の子であり、神とまったく同じ属性でそっくりにつくられていて、もしあなたが望むのなら、何も欠けるところはありません。あなたが喪失した記憶は回復するでしょう。

たとえ道に取り除かなければならない石ころや大きな岩があったとしても、また、たとえ旅の始めに元の静穏さへと戻すための愛の茨《いばら》があったとしても、あるいは征服しなければならない険しい崖があったとしても、あなたは自分を閉じ込めていた小さな箱から外に出て、この惑星で他にあなたを待っていることを探究したいと思いませんか？　真実を探究するならば、想像もできないほどの大きな喜びと驚きがあなたを待っていて、あなたの人生が開かれます。

自分自身に尋ねてください。皆さんは、この惑星で孤立した文明社会に暮らしているのでしょうか、それとも私たちはみな同じ創造主の愛から生まれた兄弟姉妹でしょうか？　皆さんたちしか存在しないのでしょうか、それとも皆さんは、限界のない神性を持つ広大で無限の創造物の一部でしょうか？　ずっと住んでいた小さな箱から外へ飛び出すときに、「本当の世界」を発見するでしょう。その小さな箱は幻想にすぎなかったことや、あなたは分離していたのでも独りぼっちでもなかったことが分かるでしょう。皆さんは「在りて在るもの」の一部であり、果てしない愛の一部なのです。

——アセンションの波に乗るというのは、どういうことですか？

ゆくゆくは、栄光からさらなる栄光へ向かって、永遠に意識を上げることが皆さんには運命づけられています。地上の大部分の人は死んだら天国へ行きたいと夢見ています。今、この惑星で明らかになりつつある新しいサイクルでは、もう天国に行くのに死ぬ必要はなくなるでしょう。天国はまさしくこの地上でアセンションの波に乗ることを選ぶすべての人の前に、もうすぐ姿を現わすでしょう。このとても素晴らしい旅を、今、始めないのでしょうか。あるいは、人間の葛藤という意識の中に留まることを選択しますか？　いったん、これらの質問を真剣に探究したら、神聖な旅を始めてください。あるいは、旅がもう始まっていたら、そのまま道を歩き続けてください。

地球の他の王国にハートと意識を開いてください。それらがどんなに魔法と調和に満ちているかを発見するでしょう。動物とは本当はどんな存在なのか、この惑星で動物の果たしている役割とは何か、さらに動物がどのように皆さんを手助けすることができるのか、理解しようと務めてください。この惑星上の人間は、種類、外見、大きさ、系統で分類する以外には、動物についてほとんど何も知らず、また理解もしていません。見える世界と、以前には決して気づかず見えなかった世界の中に、上にも下にも周りにも至るところにいるものに、ハートと知覚力を広げてください。そうすると、無条件の愛ととても驚くべきことへと自分自身を開きはじめます。いまこの惑星に溢れんばかりに注がれているアセンションのエネルギーの波とともに、あなたは意識を上げはじめるでしょう。

自由へのアセンションは、この惑星で過ごした数多い転生の最後を飾る卒業式で、骨折りながら進展し、いまや手の届くところにあります。地球史上、アセンションがいま皆さんに差し出されているほど容易だったことは、今まで一度もありませんでした。今の時期は、母なる地球のアセンションのサイクルでもあります。地球と一緒にアセンションの波に乗らないのですか？　霊的自由へのアセンションは、時の始まりからあなたの全転生の目的地です。それは、地球にいる間に得てきた多くの転生やレッスンと叡智、そのすべての目的地です。

自由と聖なる恩寵の人生へのアセンションが、数年間という短い間で達成できるということは、地球の全歴史上で今までには一度もありませんでした。この機会に乗じて、今、アセンションしませんか？　または、非常に長く味わってきたのと同じ困難を体験しながら、別の惑星でアセンションが次に巡ってくるまでこれから二万五千年待ちますか？　親愛なる皆さん、選択するのはあなたです。愛と思いやりをもって、私は皆さんに目覚めるよう呼びかけています。

第12章　五次元への帰還

五次元はあなたの帰還を待っている

お帰りなさい、最愛の皆さん、お帰りなさい！　五次元はあなたの帰還を待っています！

昔のあるときに、地球内奥のとても発達した他の文明社会に援助されて、テロスの文明社会は五次元の意識へと移行しました。実際のところは、私たちはある程度の物理的密度を保つ肉体に留まってきました。遺伝学的に私たちの体は皆さんの体と同じですが、皆さんが見て触れるような物理的な体を維持することは、地球のアセンションプロセスを援助するために、私たちが同意した使命の一部です。

生命とこの惑星への奉仕という点で、いつか私たちの教えと私たちを受け入れる用意が地上の人びとにできたときに、私たちが地上に出て、かつての友人や兄弟姉妹として皆さんの中にいるためには、この体の密度が必要となるだろうと私たちの間で意見が一致してきました。遺伝子が同じなので、私たちが到達した肉体の進化と無限のレベルは、皆さんが自分の発達を考えて受け入れる際にお手本となるでしょう。

現在の私たちのＤＮＡの数は、皆さんが知っている十二本とその他に二十四本あり、そのすべてが完全に活性化しています。その他の二十四本については、皆さんはその存在の可能性をちょうど発見しはじめたばかりです。ほとんどの人のＤＮＡで活動しているのは二本で、残り十本はかつて遺伝子操作をされてから眠ったままです。多くの人が神聖な潜在力を一時的に遮断したままですが、いま潜在力全体の五～一〇パーセントぐらいが働きはじめています。私たちはその潜在力を一〇〇パーセント活性化させています。またその潜在力は、誰でもより高次元に進化するにつれて絶えず永遠へと拡張します。

レムリアの時代には、人類とレムリア人の大部分が三十六本のＤＮＡをすべて活性化させていました。

何千年もの期間をかけて意識を徐々に低下させていくうちに、他の二十四本のＤＮＡは衰退し、やがて十二本だけが残りました。

レムリアとアトランティス両方の大陸沈没に伴って、残りのＤＮＡのうち、さらに十本が活動を停止しました。今回、あなたが自分を無条件の愛と高次の意識の波動へと大きく開くと、かつての機能がすべて、次第に再び活性化するはずです。地球外の存在がコントロールを目的として、人類の遺伝子コードを操作したという推測が多くあります。このようなことは、地球の文明社会のいくつかで実際に多少は行われましたが、その当時の人類のカルマでもあったことを理解してください。この操作は、地球を管理する高次の階層が承諾して行われました。

そのときまでに人類の意識は相当低いレベルに落ちていました。十二本のＤＮＡすべてが機能を果たせないほど、人類の意識は低かったのです。この機能不全の結果は、厳しく苦痛に満ちたものとなりました。しかし、その決断は、その時点においては最高の知恵で、唯一の選択でした。もし人類の意識がそれほど低いレベルにまで落ちていなかったなら、DNAの改造は起こらなかったでしょう。「ベール」とも呼ばれているDNAの遮蔽によって、皆さんは、アトランティスやレムリアの時代に誤用された潜在的な力を使うことなく、再び進化の道を歩んできました。そのおかげで、あなたは自由意志を完全に活用させて、潜在的な力と神聖な愛を誤用せずに、さまざまな経験から素晴らしい永久的な知識を蓄積してきました。

「ハートの中枢部」の中に、聖なる愛・聖なる叡智・聖なる力という生命の三重の炎があり、かつてはあなたのオーリック・フィールド（訳注13＝生体の周囲に広がる電磁場）の内部で直径二・七メートルの炎が広がっていました。その炎のおかげで、あなたは神聖な生得の権利である、神から与えられた機能をすべて使えました。一般的に皆さんは二万年から三万年の寿命を生きることが可能でした。言い換えると、あなたは自分の寿命を選ぶことができました。望む限り長く生きることができて、自分の意志でいつでもその人生から去ることが可能でした。この三重の炎があなたを生まれつき不滅にしました。言い換えれば、あなたは神性という魔法と属性のすべてを生まれながらに使うことができました。

皆さんは創造主を雛形にしてつくられた、何の制限もない「不滅の神々」です。遠い過去においては、何十万年間も皆さんは地球でこのような人生を体験していました。神性の存在としての皆さんに与えられなかったものは何もありません。大宇宙の心《ユニバーサルマインド》から来る全知識が、生得の権利として直ちに利用できる状態でした。皆さんは、一つの集合的文明として、これらの特権をひどく悪用してきました。

人類がこれらの神聖な贈り物を乱用しはじめるにつれて、それらの贈り物は減少しはじめました。友人である皆さん、意識が元のレベルで使われるとき、つまり無条件の愛、調和、意志、力、神聖な叡智が元のレベルで使用されて、気づきと感情と行動の中で維持されているときにのみ、これらの贈り物は維持され回復されることが可能です。

二つの主要な大陸が沈没して、レムリア文明とアトランティス文明の大半も失われたときに、父なる／母なる神が、人類を全なるものと原初の神の意識に戻す唯一の方法として、生命の三重の炎をほんの一インチの一六分の一（約〇・一五八センチ）に縮小するべし、と命じました。人類はもはや昔のように神の力やエネルギーを誤用できませんでした。それ以来、親愛なる皆さんは、たった二本のＤＮＡと、ほんのわずかにハートに脈打つ原初の生命の三重の炎だけで活動してきました。

全なるものへと戻る道は長くて苦しい旅でした。それが、神が皆さんを救う唯一の道だったことを分かってください。

創造主が皆さんを全なるものへと連れ戻す他の試みがことごとく失敗し、また神のエネルギーを誤用する自由意志は完全に尊重されました。いま地平線上に大きな明るい兆しが見えています。人類の大部分が、分離の探究から叡智と知識を得てきました。これまで皆さんは、自由意志という状況の中で、全なるものへ戻りたいという望みを示してきました。創造主は大きな愛と期待を抱いて、原初の贈り物をすべて回復させて皆さんに返せる日が来ることを期待し、皆さんが戻る日を待ち続けてきています。

皆さんの救出の時はいま間近にあり、失われたように見えてきたもののすべてが、皆さんに残らず返還されるでしょう。実際には何も失われていませんでした。あなたの神性があなたから取り除かれることはあり得ません。というのは、それがあなたの本当の性質だからです。多くの課題と経験が、神性についての知識を進化させてきました。その課題と経験をすべての人につくらせるために、皆さんの神性は隠されただけです。あなたはただ旅から戻りはじめるために故郷を出発し、いまや壮大で輝かしい入り口に立って、本当のあなたのすべてと再会しようとしています。

テロスでは、いつでも神性を十分に自然に表現しているので、私たちは皆さんとはだいぶ違うように見えます。

私たちは進化の道を選んだおかげで、かなり以前に神性の全属性が回復しました。皆さんの神性が回復すると、私たちがいま享受している恩恵のレベルまで、皆さんも素早く戻るでしょう。一万二千年間、地上には皆さんのお手本となる存在がいませんでした。私たちは地上の次元と溶け合って、皆さんのお手本となる役割を担うために現在の状態でここに留まることを選んできました。私たちがお手本となることは、皆さんが「神の臨在」であることを素早く完全に受け入れ、日常生活に神性を体現するのに役立つでしょう。そのときは皆さんにも、私たちが皆さんと同じであることが分かるはずです。

私たちは皆さんの兄弟姉妹で、皆さんをたいへん愛しています。再び皆さんと一緒になって、直接会うことを、そしてすべての人が「はるばると故郷へ」戻る手助けをすることを、どんなに強く待ち望んでいることでしょう。私たちの手を取ってください、そうすればあなたを失敗させはしません。光の領域にいるすべての存在は、皆さんの「帰還」をいつでも援助できるように準備して、皆さんを手招きして呼んでいます。お帰りなさい、最愛の皆さん、お帰りなさい！　五次元はいま皆さんの帰還を待っています。

私たちは、本人であるあなたを無視して、あなたを帰還させることはできません。すなわち、あなたは自分のハートとマインドを開く必要があり、故郷へ帰ることを毎日選択しなければなりません。

この選択をする人たちは、自分の肉体を連れて「故郷」へ帰るでしょう。地球史上においてこの時期は、全生命が救出されるプロセスの中にいるので、過去、数千年間にしてきたように体を置き去りにする必要はありません。あなたはもはや肉体的に死ぬ必要はありません。あなたの身体は変容し、私たちのように不老不死になり制限がなくなるでしょう。意識的にそうなることを選択し、自分自身をオープンにして、天の父なる／母なる神からのこの神聖な恩寵を受け入れてください。

――三次元は、大いなる移行のあとでもまだ存在するのでしょうか？

この質問には、まだ十分正確にお答えすることはできません。大部分は今もバランスをとって調節されているところですが、まだ決められてもいませんし、分かりません。確かに三次元はもうしばらく存在しつづけるでしょうけれども、ここで私が言いたいのは、地球の移行後、長期間にわたってこの物理的な惑星はバランスを取り戻し続けていくので、三次元の地上にいるのはあまり望ましいことではないということです。

大いなる移行とともに高次元へ進化するよう皆さんに勧めるのは、このような理由からです。この惑星上では潜在的に起こり得る時間枠がいくつか同時に存在していて、一人ひとりが異なったシナリオを経験することになるでしょう。人びとは、意識の中で共鳴する時間枠のシナリオを経験するでしょう。三次元の地上に残る選択をする人たちもいるでしょうが、私たちには彼らが人生で多くの困難にあう可能性が見えます。このことは、私たちが人類の大多数について予想することでも、あるいは願っていることでもありません。そうは言っても、もちろん皆さんは自由意志を持っています。ですから、自由意志は最後まで尊重されます。

地球に求められて、そして母なる地球が彼女の三次元のからだに求めていることは、最終的に三次元がネガティブなものからすっかり癒されて、かなり長期間存在していた低次元ではなくて、高次元へと上昇することです。地球は自分のからだがすっかり回復するのを見たいと思っています。そして、かつて地球創造の始まりのときに知っていた、神聖な完全さと他に類を見ないほどの美しさとバランスを表現することを望んでいます。

大いなる移行の後、新しい進化はもうこの惑星の三次元では起こらないでしょうが、いつでも高次元に存在する多くの王国や文明社会の存在が望むときに、三次元の中で高度な物質性を楽しむ機会を存続したい、と地球は願っています。

この願いが実現すれば、かつて人類や天使やマスターたちが「堕落」以前に惑星上でそうしていたのと同様に、自分の意志で、自分の波動を簡単に意識的に下げることによって成し遂げられるでしょう。望むだけ長く三次元を楽しんで、いわば休暇を楽しんでから、意志によって高次元へ戻ることができるでしょう。そのうえ、いったんネガティブな要素が完全に除去されて、地球が原初の状態に戻るなら、この惑星とさらに他の全次元からのあらゆる存在が、宇宙が提供する贅沢で傑出した「休暇用リゾート」を体験するために、この「地上」へ来ることができるようになります。

親愛なる皆さん、この計画は未確定であり、まだそうなると決まったわけではありません。もし皆さんが地球を破壊し汚染して、資源を略奪するのを今やめなければ、地球の回復は手遅れになるかもしれません。

転生している皆さん全員が宇宙の母である地球に、いますぐ尊重と敬意の態度を示せば、地球は回復せざるを得ません。宇宙の母である地球は、今まで愛と深い恵みで皆さんを支えてきました。彼女のからだは、この宇宙の他のどんな場所でも皆さんが経験したことのない、進化のためのユニークな土台を皆さんに与えています。

この惑星上のすべての人が、彼女の保護と回復のために**今**しっかりとした態度をとらなければなりません。地上の土壌と飲み水のほとんどがひどく汚染され、荒らされ、破壊され、枯渇してきたために、惑星はもう戻れない地点に到達しかかっています。皆さんが、この惑星の三次元が今後存続するかどうかを決める「当事者」です。この時期に地球を援助するというまさにその目的のために、この人生を選んできた人が大勢います。

皆さんは「母なるもの」を狂気じみたやり方で扱ってきましたが、その方針をいま変えなければ、まもなく、皆さんが彼女に期待しているやり方では、もう彼女のからだは命を維持できなくなるでしょう。前にも述べましたが、もう一度言います。「母なる地球は、意識ある、生きている、呼吸している傑出した宇宙の巨大な存在です。もはやこの段階においては、彼女は人類からの乱用を受け入れることも、三次元のからだを皆さんに役立たせることもできません」

――現在でも、まだレムリア人が高次元で存在しているということですが、どこでその人たちは生き続けているのですか？　インカ人の社会も、まだ五次元に存在していますか？

最愛のレムリア大陸が沈没したとき、父なる／母なる神が私たちの大陸を四次元へと引き上げ、そこで私たちは生き延びて進化を続けました。その後、私たちが進化して、より高次の生き方と意識のあり方に戻ったときに、五次元の周波数へと再度引き上げられました。レムリアの三次元の局面だけが滅びました。

私たちはすべての次元に同時に存在しているので、現在、四次元と五次元に同時に存在しているのと同様に、その当時もレムリアとその他の大陸および文明が、四次元と五次元に同時に存在していたことを皆さんは理解する必要があります。レムリアの時代、意識が低下する以前には、誰もが意識的に意志を使ってこれらの次元へ移動しました。望むことや場所に応じて、意図することによって、とても楽に優雅に、自分の波動を三次元と五次元の間で移動させることができました。

当時、あらゆる生命はいつでも完全な調和の中で栄えていて、現在存在するような次元間のベールはありませんでした。神性の才能の乱用が最終的にはすべての人に最大の知恵を授けることになるといっても、ベールは、人類が神性の才能を乱用したためにつくられたものです。三次元で広まった肉体的・感情的・精神的な毒性の影響を受けたくないと願う他の次元のために、ベールは保護として存在しています。

レムリアが四次元や五次元へ引き上げられた、と私たちが言うときには、レムリアはすでにそれらの次元に存在していたという暗黙の諒解があります。引き上げられたものは、土地や、まだ光への奉仕をしていた神殿や、神の計画に合わせ続けていた人びとの、エネルギーやエーテル体の青写真です。かつてそのような高い意識で存在していたレムリアのエネルギーと文化のすべてが引き上げられました。大陸が沈むときに、三次元のレムリアでまだ光と愛が残っていたすべてのもの、つまりその当時、高次元へ戻るのが可能だったすべてのものが引き上げられました。それは三次元の名残りのエネルギーと四次元のエネルギーの結合および融合でした。

インカの文明社会はかなり以前に五次元へと上昇しました。そこで彼らは進化を続けていて、皆さんを迎えるのを待っています。

――レムリアはただ太平洋に再び浮上するだけですか？　地球の地形はすっかり変わりますか？

レムリア大陸の全体が三次元の太平洋に浮上することは、おそらくないでしょう。せいぜい、太平洋のいくつかの島で、レムリアの時代にかつて山頂だったところが島の周囲に浮上し、今より広い陸地になるくらいでしょう。地球の地形は高次の意識への移行につれて、ある程度は変化するでしょうが、完全に変わるとは考えられません。

地球はまさに大きな変化をいくつか迎えようとしています。母なる地球は四次元へ、その後、五次元へと持ち上げられる前に、彼女自身をきれいにして生き返らせる必要があります。どうか何も判断しないで、地球に変化させてください。彼女は、何百万年も人類からからだを酷使させられるのに耐えてきて、皆さんに自由意志での経験を許してきたのです。彼女はそのお返しに感謝されることはほとんどなく、尊敬されることもなく、それでも、もし進化していく人類を高次のレベルでもてなし続けることができるとしたら、もはや自分自身を生まれ変わらせる以外には選択肢が残っていません。何が起こっても、地球の物理的なからだとエーテル体の浄化のために必要な「癒しの好転反応」の段階と考えてください。

そのかわり、いま思いやりを示して、きれいに新しくなる地球をただ見守り、支援してくださいとお願いします。たとえしばらくの間、混沌とした状況に見えることがあるとしても、皆さんのためにもなります。この惑星上で生きているものは、皆さんがご存知のように、まもなく一連の大きな変容を経験するでしょう。

人類にとって困難で苦痛に満ちた時代の終わりを告げるベルが鳴っています。

それらの変化のあと、皆さんは私たちと同じレベルの肉体を保てるようになるでしょう。皆さんは、ちょうど今の私たちと同様に、自分自身を「リアル」で肉体的なものとして経験できるようになります。あなたという存在と、周りのすべてのものは、新しいレベルの完全性と拡張性と明晰さへ移行していきます。あなたは、新しいレベルでの意識と完全性を統合するでしょう。知覚を変化させるにつれて、あなたの周りのすべてが調整されていって、共に変化します。

地球は、人類の大多数とともに、いま大冒険へ乗り出しています。皆さんは非常に長い間、皆さんの世界に神聖な介入を祈り求めてきましたが、その祈りはまさに聞き届けられようとしています。最初に、あなたが三次元で抱えて、いまだにつくり続けている乱雑さを掃除しなければなりません。そして、母なる地球が彼女のからだをきれいにするのを許さなければなりません。地球は進化のための土台をあなたに提供してきた、宇宙の母であることを知る必要があります。

あなたが当たり前だと思って豪勢に消費している地球の資源は、地球の体内外をひどく消耗していることに気づいてください。自由に切り出している大量の木が、彼女の肺だと知っていますか？　クリスタルは彼女の動脈で、絶え間なく浪費して燃やしている原油が彼女の血であることを知っていますか？　深く考えずに掘り出している鉱物や宝石もまた彼女のエネルギー組織の一部です。今までよりもかなり意識して、地球の資源を使うようにならなければなりません。

高次元へ入るのを許されるためには、高次元の意識を認識しはじめることもまた必要です。

ハートに愛と平和を掲げてください――テロスのガラティア

こんにちは、親愛なる皆さん。私はガラティアです。テロスではアダマの妻として知られていて、カエラエアというニックネームで呼ばれています。

地球の優しさだけでなく皆さんの優しさにも触れられることを、そしてこのような素晴らしい日にここにいて、私の愛と平和を皆さんに伝えられることを嬉しく思います。本当に、今日ここでの集まりはとても神聖な行事です。これからもこのような集まりがもっとあることが、私たちには分かります。

この時期に、レムリアについてのメッセージを地球の大勢の人に広めることの重要性を、皆さんにもっと強く意識してもらいたいと願っています。

この時期、大勢が、つまり私自身やアダマ、アーナーマー、セレスティア、アンジェリーナ、その他数名のレムリアの存在が、自分のレムリアのルーツを忘れた人びとのハートに触れるために現われています。人類にとって思い出すのが非常に苦痛であったために、とても長い間、地球の歴史の重要な部分を失わなければならなかったのは、本当に悲しいことです。

今、昔のレムリアはどのようなものだったのかという記憶を呼び覚ますために、レムリアとテロスの過去・現在・未来の兄弟姉妹として、私たちが一緒に加わります。当時レムリアにいなかった人にも、当時そこにいた人たちにも、歴史の心温まる思い出に点火し浸透させるために、私たちの宝物、歴史、ハート、記憶を皆さんにお伝えします。

光、愛、慈しみ、合一の文明からの、高次の性質の情報をハートで求めている人たちのために、いま私たちの歴史をあなたの顕在意識に次第に明らかにします。過去から現在へと、皆さんのような方々が声をあげて、地上の人びとが新しい地球をつくる援助をすることをお願いします。

親愛なる皆さんは、長い年月にわたって地上の楽園を求めて祈ってきましたが、何を祈りで求めているのか、またどのように皆さんの世界でその祈りが実現するのか、本当には理解していませんでした。とても長い間、地上では人生がそれほど楽ではなかったことは、皆さん全員がご存知です。人生が、天国というよりはむしろ地獄を通る旅のようだ、と皆さんは何度も感じてきました。そのために「この世の楽園」は祈りの中でのみ語られる言葉でした。あるいは、地上でどんな人生が送れたはずかと考える中で、ハートで本当に理解することなく通り過ぎた言葉です。原型がどのようなものかを、言葉を通して思い出すだけでは十分ではありません。ハートのエネルギーを通して思い出すことの方が、遥かに重要です。

きょう一緒に参加しているこのグループは、レムリアのハートの記憶を再び目覚めさせるという意図を持っていて、これらの記憶を再び活性化する手伝いを続けています。これらの記憶は、以前は、失われた歴史の一部のようにしか見えませんでした。しかし、これらの記憶は生きて成長しつづけ、ついに、今この瞬間にまで生き残りました。その記憶は現在と再びつながって、新たなものを共同創造することに参加できます。テロスでは、皆さんを援助することを光栄に思い、興奮しています。新しい地球を一緒に心に描くなかで、私たちが役割を果たせるということに興奮しています。大勢の変容のために、この情報と叡智を受け取る準備ができている人たちと一緒にワークすることは、私たちのこの上もない光栄であり喜びです。

今日、私たちは皆さん全員に、私たちの神聖な愛と祝福を送りました。皆さん全員と再会する素晴らしい時を、私たちが待ち続けてきたことをお伝えします。個人の目覚めと惑星の進化において、皆さんを援助するために差し出されるであろう新しい教えや概念にハートを広げ、受け入れてくださるようお願いします。この惑星の未来と、あなたが創造してそこに住みたいと思うような世界のイメージを、ハートにはっきりと描いてください。この時期に生き残るために重要だと思われることは、たとえどんなことであっても、ハートが耳を傾け、覚えるようにと合図したら、愛するために、愛を感じるために躊躇《ちゅうちょ》せず立ち止まってください。

最愛の皆さん、もし平和と愛と繁栄を望むのなら、意識を完全に調和させた合一の状態で、ハートの中でそれらの神聖な性質を保ってください。本当に実現したいことは、まず意識して大いなる愛と一つにしなければなりません。地球の移り変わりというこの旋回の時期に、あなたの人生における真の価値と優先順位を、もう一度真剣に考えるようにお勧めします。あなたが優先順位と重要性の価値を認めたものは、現在の転生の前に自分自身で設定してきた意図と目的に適うと確信してください。

最愛の皆さん、地上の次元であなたがすることは、つまりあなたのプロジェクトや活動のすべては、常に時の回廊での一時的な一部分にすぎません。しかし、たとえどんなものにあなたがなっても、あなたの神聖な性質を進んで受け入れることによって、それは永遠にあなたとともにあります。

あなたは人間の経験をしている神性の存在であるという気づきを意識しながら、毎日の各瞬間を生きてください。忘れないでください。あなたがこの時期にここに来ることを選びました。それは、この転生の間に、確固とした意図と決意をもって、あなたの神性のすべてである神聖な全性質を完全に現実化することによって、体と転生を不滅にするためです。

あなたが完全に意図して毎瞬意識すると、あなたの神性が自動的に現実化されることに完全に気づいてください。

* 日常生活すべてにおいて、たとえ何をするとしても、いつも愛から行動してください。
* たとえ何を話すとしても、いつも知恵、愛、思いやり、理解ある言葉を話してください。
* 毎日、たとえどんなことを心の中で考えていたとしても、神と光の領域に属する意識を進んで受け入れてください。
* もうすぐ、あなたの探し求めてきた楽園が、楽しむためにあなたのものになります。

私がこの短時間でお伝えしたいのは、あなたはテロスにいる私たち全員に深く愛されているということです。毎回、あなたが私たちと再びつながるたびに、私たちはたいへん喜んでいます。テロスのレムリアの姉妹を代表して、私は皆さん全員に深い友情と愛を送ります。

すべての創造の始まりは、
あなたの想像の中にある。
想像力は意識的に現実化する道具。
ポジティブに使いなさい。
そうすれば、念願の夢が実現します。

――アダマ

第13章　レムリアの翡翠の大神殿

癒しの炎――テロスでの第五光線の活動

（アダマは癒しとレムリアについて語る。私たちは深い瞑想によってテロスの翡翠《ひすい》の大神殿に導かれ、そこで信じられないほどの癒しを経験し、リフレッシュする）

友人である皆さん、こんにちは、私はテロスのアダマです。教えを請われて皆さんとつながるたびに、テロスでは皆たいへん喜び、充実感を味わっています。今日は、新しい癒しのアプローチと、テロスで「翡翠の大神殿」と呼ばれている、素晴らしい癒しの神殿をご紹介したいと思います。大陸の消滅以降、地上の住民は、畏敬の念を起こさせるこの神殿を訪れることができなくなっていました。

しかし最近、この偉大な癒しの神殿の扉は、訪問を希望するすべての人に再び開くようになりました。皆さんは充電や浄化のため、または新しいレベルで理解して癒しについて学ぶために、エーテル体でここへ来るように招待されています。この神殿が再び皆さんに開かれたことは、人類と惑星のための変化と癒しの素晴らしい時期に、実際に地上にいるすべての人が利用できる特権です。

翡翠の大神殿は、レムリアの時代には物理的に存在し、本当の意味での「癒し」を活動の中心としてきました。この神殿は最初、レムリアの黄金期に建てられ、その後、何十万年にもわたってそのエネルギーで人びとの生命を祝福してきました。神殿の内部では、不滅で無尽の癒しの炎が惑星のために燃えていて、その炎を育んできたのは、天使の王国や聖なるスピリットやレムリア人の愛です。この神殿のエネルギーは惑星そのものとその住人のために、さらに母なる地球のために真の癒しのバランスを保ちました。

私たちの大陸が危険な状態となり、いずれ崩壊すると知ったとき、この大神殿もまた物理的に失われるであろうことが分かりました。私たちはテロスに物理的な複製を建てようと努めました。複製は元の神殿より少し小さいにもかかわらず、建造以来の「不滅の癒しの炎」のエネルギーの全記録が移されました。その炎は現在まで、まだ勢いを保っています。この畏怖すべき癒しのエネルギーは、この惑星から失われたことは一度もありません。私たちの大陸が崩壊したときでさえも。エネルギーと貴重品のすべてが、レムリア消滅に先立って移されました。

この神殿の複製の建物とエネルギーの移動が計画されたのは、レムリア滅亡の二千年前です。他の多くの重要な神殿に関しても、テロスで同じように複製が建てられました。私たちの文化と、できる限り大勢の人を救うために、予想された大洪水が実際に起こったときより五千年前に計画を練りました。

この時期、皆さんには癒しがとても必要です。いま人類を援助するために、翡翠の大神殿の扉が開けられました。

真の癒しについて理解をもっと深めるために、夜、エーテル体でここへ来るように皆さんを招待するのはとても喜ばしいことです。皆さんがここへ来るときには、私たちの多くがガイドとして皆さんを私たちの「羽の下」で霊的に保護して、過去と現在の深いトラウマや悲しみから癒すように、喜んで手伝うつもりです。あなたが内面の痛みやトラウマを癒すにつれて、人生や肉体でのさまざまな状況も癒すことになるでしょう。

外側の痛みや困難は、必ず内部の痛みと恐れを映し出しています。それらは意識の中で癒され変容される必要があることを鏡のように映し出します。私たちはここに来るそれぞれの人に三人のカウンセラーをつけることができます。あなたが全なるものへ戻るために最も必要なことがたとえ何であっても、あなたを援助することが可能です。一人は感情体に、もう一人は精神体に、残りの一人は肉体の癒しに集中して、完全な調和と共時性の状態で揃って援助します。このような方法だと、内面に組み込まれているものに対して理解も変容もせずに、一面だけに集中する場合よりも、あなたの癒しというプロジェクトがもっとバランスがとれたものになります。なにしろ、ある面のバランスが完全でなければ、あなたという存在の他のすべての面に影響しますからね。

――それで、どうやってエーテル体で翡翠の大神殿へ行くのですか？

意図で！　我が友よ、あなたがする必要のあることは、瞑想の時か夜眠る前にあなたがこの神殿に来ると意図することです。一例を挙げると、あなたの神なる自己やガイドやマスターに次のように祈ることもできます。「私という存在である主なる神の名において、私は今晩、テロスの翡翠の大神殿へ連れて行ってもらうことを要請します。私は今、一日の活動を終えて肉体が休んでいる間に、私のガイドとマスターと天使にそこへ連れて行ってくれるように依頼します」。あなたは独自の祈りの要請をいくつか組み込むかもしれません。充電のため、浄化のため、癒しのため、カウンセリングのために、または癒しの炎のエネルギーのもとでただ私たちと交流し触れ合うために、ここへ来るべく意図を設定してください。

あなたが一度ここへ来れば、私たちにはあなたにどうすればよいかが分かります。実は、高次の魂の体の中では、あなたは自分自身がここへ来る方法を知っています。もし目覚めたときに体験したことを意識の上で少しも覚えていないとしても、テロスの神殿へは実際に行ったのだと、ただ信頼してください。覚えていないだろうと言っているのではありません。エーテル体は、肉体がもっと完全な場合は別ですが、肉体とほとんど同じように見えます。エーテル体でここにいるときには、あなたにはエーテル体も肉体のように感じられます。皆さんの向かっている未来には、そうなります。密度がかなり軽くなって、周波数がより高次のレベルで振動するようになりますが、あなたには変容した肉体も、とても物質的に感じられるでしょう。

意識と肉体の変容の過程で失うものは何もありません。あなたはより高い微細な振動と高次の光を統合しはじめています。失うであろうものは、不必要な密度の濃さだけです。あなたの体は遥かに洗練され、今よりかなり美しく、無制限に不老不死になるでしょう。そして、どのような限界も経験する必要がなくなるのを除けば、あなたの体はちょうど現在と同じくらい物質的に感じられるでしょう。あなたは思考の速さで旅するようになり、それはたいへん楽しいことです。本当ですよ！

――その神殿で癒しのために最適な依頼をするとしたら、どのようなものでしょうか？

基本的に、この惑星上の大部分の人が、何らかの肉体的な問題と、日常生活で多くの難問を引き起こす隠れている恐れをたくさん抱えています。また潜在意識と無意識の中にとらわれている感情も持っています。それらは単に苦痛というだけではなくて、ストレスとなった過去の多くの経験から、何度も魂に刻まれたものです。これらの経験は、あなたの進化の通り道で必要とされた課題でした。誰もが何千回もの転生から、感情体の中に感情的なトラウマを蓄積しています。いま必要とされていることは、最終的にきれいに癒すことへの決意、そしてそれらの経験がつくられたことに関する、より深い知恵を習得する決意です。与えられた一生で片付けられなかったどんな経験も、魂の奥で真に癒され知恵と理解が得られるまで、次の生涯からさらに次の生涯へと次々に持ち越され、同じ状況が繰り返し再現されます。

悲しみ、嘆き、悲嘆、あらゆる感情的なトラウマ、あなたという存在が持つ自然で純粋な喜びや祝福や恍惚感を反映しないどんな経験も、自分自身の内部で癒しが必要であることを示しています。意識と潜在意識の恐れはその人の発展を妨げるので、どんな人にとっても意識の中で取り除かなければならないものです。あなたは多くの生涯で、間違った信念体系や歪んだプログラミングを受け入れてきましたが、その多くの生涯から発生してきた精神的な毒素は、今、一掃され癒されるために、あなたに気づいてもらおうとして何らかの方法で姿を表わしています。魂の促しに気がついて、注意深く耳を傾けてください。そのときに魂が促すことから最も重要な問題を選んで、それを解消すると決めて神殿へ来てもかまいません。

あなたの意識の中で理解する必要のある課題や知恵について、また、永久的な真の癒しを具体化するのを助けるために、あなたがすべきことについて、私たちのガイドたちがあなたに話すでしょう。あなたの癒しは、何百枚も皮のある巨大な玉ねぎの皮を剥くことにたとえられます。完全になるまで一つひとつ癒していくと、あなたは神性を純粋に映す鏡となるでしょう。想像を遥かに超えた、すべての物事があなたに開かれるでしょう。

このワークの大部分を、全部ではありませんが、夜、あなたの体が眠っている間に行って、のちほど日常生活の中で統合することが可能です。あなたは恐れと過去の経験の内容をいちいち知る必要はありません。たとえそれらが何と名づけられているものであっても、またどのように感じたとしても、あなたがする必要のあることは、それらのエネルギーが意識の中に現われてきたら意識的に解放するだけです。このように、私たちのカウンセラーたちはあなたのアカシック・レコードにアクセスして、あなたとワークを行うことができます。もっとあなたが癒しを見通せるように、洞察を多く与えることもできます。それから、あなたはこの新しい知恵を潜在意識の内部で持ち帰り、そのあと目覚めた状態でその知恵を働かせていくことができます。あなたの神聖な存在と一緒に瞑想すると、意識の中で気づきがもっと甦《よみがえ》るでしょう。

あなたの内なるワークは進化を加速し、故郷へ帰る道を開くために、おそらくこの時期に必要な最も重要なステップです。

カウンセラーたちはその神殿で、魂のレベルで、あなたがある健康問題を経験している理由についての幅広い視点をあなたに与えるでしょう。また彼らは、なぜあなたの人生の中である困難が続いているかを、さらに肉体的あるいは精神的、感情的いずれの問題であっても、あなたがそれをどのようにつくり出してきたかを教えてくれるでしょう。カウンセラーたちの助けを借りて、魂に刻まれた苦痛と歪みのすべてとあなた自身を癒せるようになるでしょう。どんな肉体的問題でも、永続的に完全に癒される前には、感情的な原因や信念体系の歪みに取り組んで解放しなければなりません。私が述べているのはその場しのぎの解決策ではなく、永久的な癒しについてです。

どのような肉体的な問題でも、たとえ事故のように見えたとしても、必ず感情体と精神体に根本的原因があります。精神的なストレスと精神的な病もまた、感情の中に根本的原因があります。感情体は、癒しの際に取り上げられるべき最も重要な領域です。レムリアとアトランティスの大陸崩壊で、愛する人たちや家族から一晩で引き離されたときにトラウマが生じて、それが人類の魂の中に恐れ、悲しみ、嘆き、絶望をたくさん生み出しました。そして、皆さんは生涯から生涯へとこれらのトラウマを持ち運んできました。

今、人生と惑星のために、過去を完全に癒して、愛、無制限、無比の恩恵というまったく新しいパラダイムを受け入れるときです。テロスの私たちは、皆さんの兄弟姉妹です。そして皆さん全員をとても愛している親しい旧友です。皆さんが愛と光の領域へと完全に変容し、甦り、アセンションするという目的のために、この時期に皆さんへの援助を広げることは私たちの喜びです。

地上での苦痛のレベルはとてもひどかったので、もはや耐えられない苦痛から自分を保護する手段として、ほとんどの人がハートを閉ざしてきたことに私たちは気がついています。皆さんは生きる喜びを進んで受け入れる代わりに、生き残るための生き方を選んできました。

――私たちはこの三次元で生き残るために、とても多くの素晴らしい局面を自分自身から切り離してきました。たった数年間で、このトラウマをどのように癒せますか？　また、惑星の大いなる移行をどうしたら準備できますか？

すべてを癒すために必要な内的プロセスに完全に委ねることで、それを成し遂げることができます。あなたという存在である「我れなるもの」は、癒し全般において、あなたを援助する方法と、最低限の苦痛であなたを故郷へ連れ戻す道を完全に正確に知っています。過去の苦痛をすべて癒すことは、漸進的なプロセスで、また地上での多くの転生すべての中でも最大の冒険です。あなたの偉大なる自己の素晴らしい全局面と意識的に再びつながるために、一歩一歩、あなたは導かれているところです。プロセスにおいて、皆さんのハートは今の約千倍も開くでしょう。ハートが開くにつれて、起こってきたすべてのことを魂の目で見るようになり、理解しはじめるでしょう。

ところで、皆さんのハートは魂の偉大な知性で、神の心《マインド》も持っています。ハートは何でも知っていて、始まりからのあなたの全局面の記憶を残らず持っているので、あなたを誤った方向に導くことは決してありません。あなたのハートは、あなたという存在しているものの中で、あなたが再び本当に知って信頼することができる部分です。皆さんはハートを閉ざしてきました。最愛の皆さん、なぜかというと、痛みや恐れがそれほどまでに辛かったからです。ハートを閉じることは、過去においてはあなたを防御する一つの方法でした。その驚くべき方法をあなたもいつか理解できるようになるでしょう。それはあなたの進化に役立ってきましたが、しかしこの時期には、もうあなたの役には立ちません。すべての人が、自分の神性である光と愛という「故郷」に最終的に戻るときです。

古い痛みと恐れにしがみついている人が大勢いますが、それはただ、ハートを無条件の愛に開いて、役に立たない間違った古い信念を手放すのが怖くなってきたからです。もし無条件に人生にハートを開いたら、もっと苦痛が増えるのではないかという恐れがあります。古い恐れと痛みにとても馴染んでしまったので、その中にいると、一種の安心感と居心地のよさのようなものを感じるからです。

——実際には、どのようにハートを開いて、感情体の癒しのプロセスを始めるのですか？

万人向けの処方箋はありません。十人十色で、それぞれ癒されるべき問題が違います。一人ひとりが感情的に異なった性質を持ち、特有の癒しのプロセスを伴っています。基本的には、選択、意志の持続、意識、能動的な瞑想、大いなる自己との毎日の地道なやりとりをすることで、適切な方向にプロセスが始まるでしょう。癒しのためにいま必要なことを明らかにして意識上で気づかせてくれるように、全なるものに留まっているあなたの神性の部分に依頼してください。

再び全なるものになって、自分自身のすべての部分を、合一と一なるものの中で統合したいと真剣に意図して、あなたの「神我」に合図を送りはじめてください。プロセスがどんなものでも、完全に信頼し、信じて、委ね、愛の状態にいて、癒しを受け取るために必要なことに進んで身を任せてください。高次の自己と光の領域全体から、完全な協力を得られると確信してください。その時、癒しのプロセスはすべてのレベルで起こりはじめます。

あなたの高次の自己はとても長い間、あなたが恩寵の状態に戻るのを待ち続けてきました。高次の自己の完全な協力を確信してください。決して自分自身にプロセスを判断させないでください。そうすればいつか、自分自身がトンネルの向こう側に立っているのに気づくでしょう。たいへん長いあいだ熱望し、夢見てきた驚異の世界にいるでしょう。高次の自己は、あなたの感情を通して、あなたとコミュニケーションします。言い換えると、あなたはいつでも自分が感じていることに、もっと注意を払う必要があります。もし楽しくなければ、ハートの炎を使ってその感情を解放し、次の癒しへ、また次へと進んでいくと、やがて、あなたは再び全なるものになります。

あなたの高次の自己は、あなたのもとへ適切な書物や人、行事や機会を引きつけるでしょう。もしあなたがマインドとハートを癒しへと開いて意図を維持し、不断の努力を続けるならば、プロセスは優雅に楽に進みます。

あなたが意図に集中しつづけるとき、癒しのプロセスは前進しつづけます。最初はやるべきことが多いように思われるかもしれません。確かに、その通りです。あなたという存在である「太陽」へ戻る旅として見てください。そしてこのプロセスでは、道に沿って報酬と達成感がいっぱい並べられているのを知ってください。あなたはこの旅で独りぼっちではありません。新しいレムリアにいる私たちはもちろん、あなたの天使、ガイド、マスターたちも皆、絶えずあなたに付き添っています。この惑星全体の霊的な管理階層と母なる地球と光の領域全体が、あなたを手招きし、癒しを援助するために呼びかけています。

癒しが進んでいくにつれて、あなたのエネルギーが戻ってきます。肉体は過去の痛みとトラウマを手放し、若返りはじめます。自分が今までよりも生き生きして、活気に満ちてくるのを感じはじめるでしょう。人類は、神聖な存在としての全可能性のうち、五~一〇パーセントで機能してきました。あなたという存在の残りの部分は、ずっとそこで眠った状態となっていました。目を覚まして自分を癒してください。ハートを開いて痛みを手放すにつれて、あなたはますます元気になるでしょう。これから感じる喜びは何倍にも増幅されるでしょう。精神的な能力はもっと開いて、あなたは「ああそうだ、私たちは皆、もう天才になりはじめている。人生がこんなに楽しいなんて！」と思うでしょう。しっかり意識しながら自分自身を恩寵へと開いて、毎日、体にそのようなエネルギーを注いでください。

――私たちは本当に反映する鏡がなくなる地点に到達することがあるのでしょうか？

ええ、到達しますとも。自分自身の内部でこれらのことを成し遂げるたびに、あなたはだんだん深く入っていきます。皆さんは皮を剥きはじめていて、そのいくつかはとても深くなっています。剥くべき皮は人それぞれ特有ですが、一般的にいうなら、対処すべきことは多くあります。物事を解決して良くなったと感じはじめて、これは終わったと思うと、その問題はさらに深いレベルで癒されるために再び戻ってきます。多くの人にとって最後の転生であるこの特別な時期に、以前よりもその問題が果てしなく続くように感じられるのは、こういう理由からです。この生涯のすべてのものは、一つか二つか六つの転生からだけではなく、地球での全転生を総合したものから来ています。今、人生で癒されるために、それらが残らず現実化しています。どんな些細なこともすべてです。今、以前より悪くなっているように思われるかもしれませんが、実際にはかなり軽くなっています。あなたは、以前には決してしませんでしたが、やっと意識的に物事を見はじめています。

――日常生活で接触する毒性は、癒しのプロセスの速度に影響を与えていますか？

ええ、その通りです。皆さんに負担をかけています。このことについて説明しましょう。皆さんの体には多くの種類があります。サトル・ボディーと呼んでいるさまざまな体です。また、四つの主要な体があります。肉体という乗り物、感情体、精神体、エーテル体です。さらに、これらの体はそれぞれ下位のレベルの体を多く持っています。私たちが九つの体や十二かそれ以上のサトル・ボディーについて話すのは、そのためです。この説明はあまりにも複雑なので、今すべてを探究するつもりはありません。主要な四つの体はそれぞれが全体の二五パーセントを表わしている、とだけ言っておきましょう。この四つの体は一緒に働きます。ということは、一つを抑圧するとき、あなたは残りの三つも抑圧します。一つを癒すときには、同様に残り三つも癒しています。体に毒性の化学物質を呑み込む、あるいは吸い込むとき、比較的簡単に体から除去できる物質もありますが、体がその物質を除去する仕組みを持たない物質もあることを知っておいてください。

二十一世紀の化学薬品と公害は、食べ物や水や空気の供給に徹底的に組み入れられているので、体からそれらを取り除くのは非常に困難です。体内の毒性の量は蓄積しつづけています。体がデザインされたとき、これらの人工的な毒性物質は存在していませんでした。それらは細胞内に留まる傾向があるので、ホメオパシーと波動療法の適切な利用だけが、それらの望ましくない波動を除去することが可能です。処理するのが極めて難しい場合もあります。純粋な水や、純粋な飲み物、食べ物だけを体に取り入れるために、できることがあれば何でもしてください。肉体を浄化するために、できることは何でもしてください。肉体的に調子がよくないと感じるときは、感情が激しくなり精神機能も活発ではありません。感情的にバランスがとれていないと感じるときに肉体の調子もよくないのは、すべてがつながっているからです。自分自身のどんな部分でも、分離すれば必ず全体に影響を与えます。

――分かりかけてきたように思うのですが、気づきを得て各体を癒すまでは、私たちは決して全なるものになることができないのですか？

エネルギー構造のどんな部分であっても癒しを避けるのであれば、全なるものにはなれません。真の永続的な癒しは、バランスのとれた癒しを全レベルで創造するときに起こります。肉体的な病気、たとえばガンを抱えている人たちがいるとします。もしお金をたくさん持っていれば、全財産をつぎ込んで、医療施設で手術、あるいは放射線療法、または化学療法を受けて、肉体的な癒しを得ようと試みるでしょう。しかし、そもそもガンを引き起こしている感情的な部分には決して注意を向けません。それどころか、ストレスとトラウマになるような感情が、すでに過度の負担を抱えた感情体に、さらに大量に加えられます。そのように真我の基盤の一面を拒否しておいて、どのような永続的な癒しが期待できるというのでしょうか。

毎年、一時しのぎの解決法を利用するために、何十億ドルが費やされています。なかには、一時的に小康状態を経験する人もいるでしょう。ですが、それは真の永続的な癒しではありません。たとえ一時的または短期間の救いが得られたとしても、もしその魂がその病気から新しく知恵を学んでなければ、真に癒されたとはいえません。もしその当人が手術や放射線治療や化学療法が原因で死ぬのなら、癒されていませんし、課題もこなしていません。なぜなら、感情体にある根本的な問題が無視されたからです。最初にガンがつくられるのを引き起こした感情がたとえどんなものであっても、もし一つの生涯で取り組まないのであれば、すなわち、もしその課題を学ばず感情のレベルで癒されないのならば、その病気は深く理解し知恵に達するまで、それ以降に続く転生で何度も繰り返されるでしょう。

あなたの「神我」は、あなたが完全に霊的自由を獲得できて、全なるものに戻る前に、知恵と真実の課題をすべて学ぶことをあなたに要求します。あなたがとても多くの転生を重ねているのは、このような理由からです。

人類とともに働いている、天使とその他の光の領域からの多くの存在も、定期的に浄化し、充電するためにこの神殿に来ます。彼らは、私たちのカウンセリングを必要とはしません。翡翠の大神殿は彼らから汚染を除く手段として役立っていて、地上の人類とのつながりから拾い上げた不調和なエネルギーを落とすために来る場所です。

あなたの神なる自己は、創造のレベルから働きかけています。そして、天使や次元上昇したマスターや他の銀河系の兄弟や私たちと、あなたを癒すために連携して働きます。私たちには、あなたの神なる自己の許可を得ないで、あなたの癒しを遂行することは決して許されません。自分自身を癒すためのあらゆる努力とすべてのステップで、あなたは必ず自分の「神我」と再びつながって、たとえどんなことを成し遂げたい、癒したいと思ったとしても、その意図をはっきりと述べなければなりません。もし私たちがあなたの代わりにそうしたら、あなたは一体、どうやって神聖な表現であるマスターになれるというのでしょう。

時々、次元上昇したマスターや天使的存在に怒る人たちがいます。祈って要請したのに、自分の期待どおりに応えてもらえなかった、と感じるからです。そして欲求のその源を否定して、さらなる援助に対してハートを閉ざし続けます。

もしかしたら、旅行するお金が欲しい、と次元上昇したマスターの誰かに頼んだのかもしれません。でも、旅行は実現しませんでした。あるいは、特定の人との関係を実現させたいと願ったにもかかわらず、そうなりませんでした。あなたの神性は、この人生にとって、あなたの選んだ通路にとって、何が一番かを知っているのですが、あなたは、神の恩寵とあなたの神性の偉大な知恵にその問題を委ねる代わりに、神や次元上昇したマスターに怒りをぶつけます。そのマスターと、あるいはマスターの誰ともそれ以上関わらないと決めて、あなたは扉を閉じてしまいます。

最愛の皆さん、このような態度は人間にはよくあることです。そのような心の態度は、与えられた転生のための多くの援助や恩恵や祝福を自ら奪うことになります。あなたが理解していないことは、どんな次元上昇したマスターや天使的存在でも、あなたの魂の通路を越えて先へ行く者は一人もいないということです。あなたの「我れなるもの」は、この生涯で設定した目標に到達するために、成し遂げる必要のあることを正確に知っています。どの天使も次元上昇したマスターも、必ずあなたの神聖な自己と完全に協力して、あなたの「より大きな計画」と最高の運命を援助します。三次元にいる間はあなたはベールで覆われていて、自分の転生についての全貌を見ることができません。

あなたの「我れなるもの」はあなたの統括者で、あなたの魂はすべての経験の総体を表わします。アセンションはこのすべてを一なるものに統一するプロセスです。すなわち、あなたは再び完全に全なるものになります。神性を完全に具現化している、神聖な自己の化身となります。アセンションの最終段階は非常に素晴らしく、誰にとっても進化の段階でいずれ起こることです。あなたはその最終地点に向けて多くの人生を過ごしてきたので、この人生で完全にそこに到達できます。あなたはかつて望んだどのようなものにでもなれます。なぜなら、アセンションの扉はいま大きく開いており、そのようなことは何百万年も前には決してなかったことだからです。

このように今は、またとないこの機会を受け入れて利用する好機です。必要な援助はすべて与えられるでしょう。めったにないこの機会の窓を上手に利用してください。進化のさまざまな周期に応じて、アセンションの扉は開いたり閉じたりします。今と同じように再び大きく開くには、長い期間がかかるかもしれません。皆さん全員に言いたいのですが、もしこの人生で霊的自由を得たいのなら、限界を完全になくしたいのなら、またはアセンションのプロセスを通して、あなたの神なる自己と魂を錬金術で結びつける体験をしたいのなら、今より他に適している時はありません。あなたは意識し、意図してアセンションを選択して、他のどんなことよりもそれを望まなければなりません。アセンションは、誰かに強制されてするようなことではありません。

この時期、皆さんは最大の機会を提供されています。「私たちの手を取って、私たちから援助を受けませんか？　そうすれば、私たちはあなたの帰郷を援助できます。私たちはもう故郷にいます。帰ってきて、私たちに加わりませんか？」

翡翠の大神殿へ行くための瞑想

翡翠の大神殿は、この惑星と他の惑星からあらゆる次元の存在が癒しのためにやって来る、驚異的で神聖な場所です。人類を直接援助している光の領域の存在も、彼らのエネルギーを浄化して充電するためにこの神殿に来ます。銀河の存在も同様に利用しています。この有名な神殿は、訪れる存在で賑わっていて、まったく純粋な濃縮した翡翠で建てられています。

それでは、ハートに意識を集中してください。くつろいで座り、リラックスしてください。そして癒しのエネルギーにつながって、そのエネルギーを受け入れはじめてください。あなたは今、私と一緒にシャスタ山の地下にある翡翠の大神殿を体験するために、意識を保ったままテロスへ来るように招待されています。あなたはエーテル体でここへ来ることになります。ハートに集中しながら、あなたの大いなる自己とガイドたちにテロスの大神殿に連れて行ってもらうという意図をはっきりと述べてください。そこで私たちは大勢であなたが来るのを待っています。あなたのガイドたちに、あなたの意識を保ったまま、翡翠の大神殿のポータルに連れて行くように頼んでください。そうすると、彼らはあなたを連れて行きます。ガイドたちは皆、この場所をよく知っているので、どのようにあなたをそこへ連れて行くのか正確に分かっています。

翡翠の大神殿へ連れて行ってもらうという意図に集中しながら、体を完全にリラックスさせて、深く呼吸してください。今、意識を保ったまま、自分がそこにいるのを見てください。自分がこの巨大な神殿のポータルに到着するところを見てください。その神殿はピラミッドで、極めて純粋で最高品質の翡翠で出来ています。神官長があなたに挨拶します。彼はこの神殿の守護者でもあります。床は翡翠と純粋な金で覆われています。あちこちの噴水から、緑がかった金色の冷光のエッセンスが九メートルほどの高さまで噴き出していて、とても神秘的な雰囲気を醸し出しています。自分がその場にいるのを感じて、その場で目にしているものを見てください。今、神殿の中で呼吸しているその空気を感じてください。純粋な癒しのエネルギーが隅々の空気にまで浸透しています。そして、その純粋な癒しのエネルギーの噴水すべてによってつくられている爽やかなエネルギーを感じてください。すべての体がとても爽快になり、リフレッシュします！　あなたはエーテル体でそこにいますが、戻るときにはその波動をある程度、肉体に持ち帰ることができます。ですから深く吸い込んで、できる限り大量にその癒しのエネルギーを吸収することがとても大切です。

さまざまな種類のエメラルドグリーンの大きな植物が、翡翠で出来た大きな箱に植えられていて、あらゆる形、色合い、色彩の花々が咲いていて、とても神秘的な環境をつくっています。極めて独特の美しさに驚いて見とれ、あなたはこの場所の神聖さを感じます。自分自身に周りのエネルギーを感じさせてください。そのまま、できる限りたくさんのエネルギーを吸収してください。

神官長が、皆さんそれぞれに、テロスの共同体のメンバーを一人紹介します。その人はあなたの担当ガイドとなって、ここでのあなたの旅を援助してくれます。そのガイドと一緒に神殿に入ると、とても大きな卵形の純粋な翡翠が見えます。直径は約三メートル、高さは約一・八メートルあります。この石は最も純粋で最高の癒しの波動を持っています。その卵形の石の頂点に、金と翡翠から成る聖杯が見えます。底は平らで、高さは二五センチほどです。その聖杯には、何百万年もの間、人類を援助するために燃え続けてきた、エメラルドグリーンの尽きることのない癒しの炎が上がっています。

では、この巨大な炎を、あなたの魂とハートと感情体の奥深く感じてください。そうです、あなたはその神殿に感情体も持っていくことができます。この畏怖すべき炎は永続的に燃えて、この惑星のために主要な癒しのエネルギー・マトリックスを維持しています。この炎は意識も持っています。炎は聖なるスピリットと天使の王国からの愛と、さらに私たちの愛によって永遠に養われます。翡翠の石に近づいていくと、癒しの炎の守護者から、純粋な翡翠で出来た椅子に座るように勧められます。そして、あなたの人生で癒しを最も必要としていることは何か、瞑想してよく考えるようにと言われます。その癒しに関連することで、自分の意識を進んで変えたいと思うのはどんなことですか？

瞑想している間、あなたは、ガイドたち（訳注14）からテレパシーで導きや援助を受け取っています。そして、この導きはハートと魂の中に刻まれます。ここで少々間を取りますので、あなたの癒しのために、ガイドたちや大いなる自己とやりとりしてください。神殿にある宝石やクリスタルや癒しのエネルギーを見て、感じて、そのエネルギーを吸い込んでください。この癒しのエネルギーを、とても深く、できるだけ深く吸い込んでください。あなたはこのエネルギーを肉体へ持ち帰ります。しばらくの間、それを吸い込んでください。あなたはこの惑星で最も神聖な癒しの波動の場にいます。必要なだけ長く時間をかけてください。急ぐことはありません。

済んだと感じたら、翡翠の椅子から立ち上がり、あなたの担当ガイドと一緒に神殿の周辺を散歩して

（訳注14） ガイドたち＝内的次元では、ガイドは通常一人以上いるが、必ずメインのガイドがいる。前の部分でメインの一人が担当ガイドとして紹介されたが、あと二人のテロスのカウンセラーも一緒にいる。したがって、ここで指している「ガイドたち」とは、三人のテロスのガイド、すなわちカウンセラーと、あなたの天使たちやガイドたちを指している。

ください。美しさと癒しのエネルギーを残らず眺めて、吸収してください。心の重荷についてガイドと自由にコミュニケーションしているのを感じて、癒しをさらに手伝ってくれるように頼んでください。たとえどんなことがあなたの前で明らかにされても、オープンでいてください。もしこの旅を意識上で覚えていられなくても、気にしないでください。ほとんどの人はそうではありませんが、その場合は情報を他のレベルで受け取っています。

完了したと感じたら、意識を体に戻して、何度も大きく呼吸してください。望むときにはいつでも意識的にそこへ戻れることを知っておいてください。毎回、あなたは同じように援助を受けるでしょう。何度でも戻れば戻るほど、私たちと共感的な関係《ラポール》が築けます。私たちは最善を尽くして、あなたの方へ手を差しのべています。今すぐに応えて、私たちの方へ手を差し出してください。共感的な関係は、双方向のときだけ成り立ちます。

愛と平和と癒しを皆さんに送って、この瞑想を締めくくります。私たちは愛を送り、助け、導きながら、皆さんに向かって手を差し出しています。私たちは、ほんの考え一つ分、瞬《まばた》き一回分、あるいはハートからの依頼一つ分、離れているにすぎません。かくあるべし！

私はアダマです。

第Ⅲ部

さまざまな存在からのメッセージ

あなたが自分自身に
全幅の信頼を寄せると、
宇宙は呼応し、
ただちにあなたに必要な物を与え始める。
私が言っているのは「全幅の信頼」、
信頼と恐れのカクテルではない。

——アダマ

第14章　エル・モリヤからのメッセージ

「自動操縦」で動いている意識は、アセンションの扉に向かっていません。

最愛の皆さん、こんにちは。

私はエル・モリヤ、この惑星の「神の意志の第一光線」の守護者です。シャスタ山内部の住居から、アダマと私が愛のメッセージを皆さんにお伝えしたいと思います。親愛なる皆さん、私たちのこのメッセージもまた目覚めへの呼びかけです。なぜなら時間が今、すべての人にとって、とても短くなりつつあるのを私たちは知っているからです。

意識や心構えについてアダマが前のメッセージで述べたように、地球の貴重な魂のかなり大勢が「自動操縦」で生活を送っています。つまり、霊的に居眠りした状態です。そのような状態では、人格は意識的に自分の未来の現実をつくろうとせず、また魂の指図に従って「決意」して生活を送りたいとも思いません。

私たちは皆さんをとても愛しているので、二〇一二年頃に五次元のポータルで皆さん全員を迎えたいと強く願っています。皆さんの入り口となるポータルを広く開けて、皆さんの到着に備えて黄金のカーペットを広げながら、光と愛の領域へようこそ、と言える日を楽しみに待っています。この「扉」を通って足を踏み入れる人たちと私たちにとって、なんと素晴らしく愉快な日になるでしょう！　すべての人にとって、どんなに楽しい再会となるでしょう！　大規模な歓迎会の準備が始められています。その素晴らしい日には大量の涙が流されるでしょう。しかし、親愛なる皆さん、その涙は純粋な喜びと恍惚感です。

少しの間、想像してもらえるでしょうか。あなたの体が不老不死の状態となり、すでに他界しているあなたが愛した人と意識的に顔を合わせるとき、どんなに嬉しいでしょうか。現在の人生で心から愛した人たちと会うでしょう。現時点では思い出せない人たちとも会うでしょう。でも彼らは過去生で親しくしてきた、あなたが心から愛した魂たちです。何千年も知っている人たちもいます。それから、あなたを深く愛している魂の家族はもちろん、何度も一緒に転生してきた永遠の友人もいます。

この情報を伝えながら、私たちはすでにこの素晴らしい日の喜びと興奮を感じます。あなたが愛した人たちは、大きな期待を胸に抱き、再びあなたを抱きしめる日を待っています。彼らは皆、「扉」の近くにいるでしょう。彼らは光と栄光の衣を身に纏《まと》い、入ってくるあなたを腕で抱きしめるのを待っています。

私たちをチャネルしているオレリア・ルイーズは、この言葉を受け取りながら、数年後の再会を思い浮かべ、頬に涙を流しています。彼女が書きとめて涙を拭いているとき、現在の人生で両親だった光の魂たちと、子どもの頃に「向こう側」へ逝ってしまった家族が、内なる世界で彼女と一緒にいて、彼女を見守りながら愛を送り、大いなる再会のその日をすごく期待して楽しみに待っています。その日はとても素晴らしいので、神に創造されたすべてのものが見守るでしょう。もう一度、繰り返します。皆さん全員がこの神聖なポータルのところまで来て、通り抜けて涙を流すのを見ることとは、この惑星の霊的な管理階層と、父なる／母なる神の最大の望みです。

最愛の皆さん、霊的階層にいる私たちは皆さんを非常に愛しています。ですから、五次元に入るためには「エントリーコード」が必要であることを、皆さんにもう一度思い出してほしいと思います。皆さんの世界には、天国の門に立って神の王国へ来た人が入るのを許されるかどうかを決める「ペテロ」について、たくさんのジョークがあるかもしれません。でも、友人である皆さん、この地上のジョークはこちらではそれほどおかしくありません。今、皆さんのうちの誰かが思い浮かべているものより、もっと多くの真実が含まれています。

この話をするのは、門またはポータルに入るには資格を得る必要があるからです。私エル・モリヤは、イエスの時代に使徒ペテロとして体を持っていました。今では、地球の人びとのために神の意志の第一光線のチョーハン（訳注15＝長）かつ守護者になっています。すなわち、この私がそのポータルの守護者でもあるのです。

親愛なる皆さん、「神の意志」というものは、霊的な道で適切な方向へ進むために入らなければならない最初のポータルです。人間のエゴと人格を神聖なものへと洗練し変容するために、神の意志に進んで委ねない限り、あなたが進む真の霊的な道は他にはどこにもありません。神聖な意志は最初のポータルです。資格を得なければならないポータルは他にも六つあります。そのあとで、惑星のアセンションで五次元の扉に到着できます。

この最初のポータルを通り抜けるために、夜、内なる世界で（体が眠っている間に）、私のクラスを取るか、あるいは現在、私を進んで手伝っている神の意志の同僚たちのクラスを受けることを、強くお勧めします。目覚めている時間帯に私のテストに合格する必要があり、そのあとで次のポータルへ行けるようになります。このメッセージを読んでいる多くの人たちは、この最初のポータルをこの人生か過去生ですでに通り抜けていますが、同様に他のポータルを通り抜けて来た人たちも多少います。まだ人類の大多数が「自動操縦」で生活を送っているという事実を、私たちは遺憾に思います。彼らは自分がどこに向かっているのか、なぜこの地球に転生しているのか何も分かっていません。また、見つけ出したいとも思っていません。進む方向を意識しないで、その日その日を送っています。頭と心はてんでんばらばらな有り様で、霊的に眠った状態で最も抵抗の少ない道を歩んでいます。

人類は長く待ち望んできた壮大な出来事の戸口に立っているのに、私が担当しているポータルの入り口に、まだ助言を受けに現われない大切な魂が非常にたくさんいます。私と同僚のアダマは、もう一度「目を覚ましなさい」と呼びかけられるかどうか見るために一緒に協力しています。今、時間がとても短くなりつつあるので、もし、いまだに神の意志のポータルへ到達していないのなら、皆さんにお知らせしますが、いま選べば、あなたは追いついて、他のすべてのポータルを時間どおりに通るのがまだ可能です。

もはや、ぐずぐずしている時間はありません。今すぐ目覚めて、あなたの生活の全局面で、愛の概念によって日々を生きるという霊的法則にきちんと従いはじめなければなりません。神に関する恐れと思い込みを残らず手放してください。ずっと避けてきた真実を進んで受け入れてください。今すぐに、思考、言葉、行動のすべてにおいて愛を実践することによって、あなたという存在である神になってください。愛はアセンションのプロセスで、あなたが取ることのできる唯一の近道です。愛が最大の鍵です。それは、真我への愛、神への愛、地球の全家族や動物王国を含む全王国への愛です。創造主の生気を呼吸しているすべてのものを愛して敬ってください。

判断することを一切やめて、いかなる害も与えない道を進んで受け入れてください。ハートの中で十分に愛することで、あなたはアセンションの扉へ向かうポータルを全部通り抜けることができます……時間どおりに。「自動操縦」で人生を送り続けるなら、そうならないことをよく理解してください。

惑星のアセンションへのエントリーコードを取得して資格を得るためには、アセンションの扉へ向かう人は誰でも、七つの通過儀礼のテストに必ず合格しなければなりません。その七つの通過儀礼には、それぞれ七つの段階でテストがあります。一つかそれ以上の通過儀礼を通過するために、かつては複数の生涯にわたって霊的法則をきちんと適用してきました。この時期は、各魂が真剣にきちんと適用することによって、それが数年で可能という、地球の歴史上でも前例のない摂理の時代です。私エル・モリヤは、皆さんがよくご存知の「ペテロ」として、この惑星の霊的管理階層の他の存在と、あなたが愛した人たちと一緒に、必ずそこで、故郷へ戻る皆さんを一人残らず歓迎することでしょう。

私は、皆さんの永遠の友、エル・モリヤです。

惑星のキリスト化が始まっています

テロスの情報をお伝えできることを、たいへん嬉しく光栄に思います。皆さん全員に対して、本当に心から親愛の情を抱いていることを分かっていただきたいと思います。この情報はとても重要で適切な時期に届けられているので、ハートと意識の中に深くしみ込ませてください。そうすると、気づきと知覚を高次元に開くことにとても役立ちます。

本書を読むと、そもそもこの惑星で生命がどのように表現されるはずだったかが分かります。私も、地球が向かっている人類の未来の方向について、少しだけ述べましょう。人類の前方にあるものはとても素晴らしく、それはとても書物に簡単に書き表わすことはできません。現時点で全体の計画が明かされるはずもありません。この本は、あなたが高次の意識と自分の神性に自分自身を開くときに、あなたが驚くであろうことを分かりやすく紹介しています。

さらに、受け入れられるすべての人にこの情報を話すこともまた重要です。友人である皆さん、これはあなたの宿題です。

レムリアの意識が再びこの惑星の表面に甦《よみがえ》って、一般に知られる時がもう来ています。レムリアの意識は、創造主の「源のエネルギー」の意識を表わしています。それは、すべての人が実際に応用するのを進んで受け入れるという、キリスト意識の再来に他なりません。新しいレムリアはただの目的地ではありません。なんといっても存在の一つの状態で、完全さという状態、つまり五次元の波動の中で具現化された「キリストたること」と神性の状態です。そして光り輝く完全な物理的レベルを維持しています。

あなたが長いあいだ待ち続けたその時が、ちょうど今、あなたのところに来ています！

この惑星とその他の惑星の、次元上昇した全文明が、母なる地球と人類のアセンションを援助するために、いま調和し、一体となって慎重に働いています。今は、皆さんがとても多くの転生を重ねて待ち続けてきたその時です。惑星に起こるすべての変化と浄化のあいだ中、ハートの中心に留まって、あなたの神聖な存在の内部に集中するようお勧めします。あなたが望んできた「新しい世界」は望み通りに変容して、今まさに現実になりはじめるところです。恐れることは何もない、と私が請け合いましょう。創造主は、今、憎しみと嫌悪のエネルギーからこの惑星を取り戻しはじめていて、もうすぐ愛と平和の波動が再びとって代わるでしょう。皆さんが新しい世界へ向けて変容し、移り変わるプロセスを、光の王国すべてが援助しようと申し出ているところです。

惑星上でこの瞬間に起こっていることはとても畏敬の念を起こさせることなので、この宇宙全体と他の多くの宇宙が皆さんに注目しています。今まさに起ころうとしていることは、太陽系や銀河系のどの場所でも、またどの世界の体系においても、今まで決してなされたことがありません。あなたがいま経験しようとしている変容は、まさにこの惑星独特のものです。勇敢な皆さんは「この宇宙のショーケース」となってきました。何百万という数の宇宙船がいて、大勢の乗組員が日々皆さんを見守って、愛とサポートを送り続けています。

物事がどのようだったか、またどうあるべきかという執着をすべて手放すのは、たいへん重要なことです。古い信念体系と構造も残らず手放してください。あなたがちょうどいま知っている人生は、劇的に、またより良い方向に変化しようとしています。惑星の浄化は、いま途上にある変容への道を開くでしょう。未来に予想できることはもはや何もありません。友人である皆さん、「時は今です！」

この情報を無視または否定することを選んでも、あまり長くは続けられません。

惑星のキリスト化をもたらすために計画された、非常に強烈なエネルギーが、二〇〇二年の五月一日あたりから地球に殺到しはじめました。このエネルギーは今、昼も夜も地球に注ぎ込まれ、皆さんが心地よく五次元の祝福の中に身を落ち着けるまで、加速しつづけ、強さを増していくでしょう。もし加速と変化に興味がなければ、遅かれ早かれこの人生を去って、もっとあなたの選択に適したどこか他のところに転生することになるでしょう。現時点のこの惑星に極めてよく似た三次元の惑星が、他に幾つもあります。そこで、あなたは生命を途切れることなく続けるために受け入れられ、あなたのペースで進化を続けさせてもらえるでしょう。進歩することには何の責務もありません。選択は完全にあなたの自由です。この惑星での三次元の生命の長い周期は終わりを迎えつつあることを分かってください。母なる地球はすでに、卒業と、アセンションの王冠を受け入れることを選びました。ということは、もうすぐ、彼女のからだは悟りを得た文明のみに供されることになるはずです。

さまざまな理由から、この人生ではアセンションの準備が整わなくても、この次の転生でその資格を得る予定の人たちもいます。その魂は、次の人生で進化を完遂してアセンションするために、新しい世界に再び生まれてくる予定です。これらの愛すべき魂たちは次世代の子どもになるでしょう。

先ほど述べたように、私は五次元の門の守護者の一人です。「神聖な意志」に委ねることで、あなたの旅はとても容易で楽なものになるでしょう。時が来たら、そこで個人的にあなたを迎えることを強く望んでいます。私たちの夜のクラスに出席するために、夜、エーテル体でシャスタ山に来るようにと、あらためて皆さんを招待いたします。クラスで集中的に、あなたの意識を「大いなる移行」に向けて準備するつもりです。シャスタ山の光の同胞とレムリアの光の同胞は、他の多くの光の存在たちと同じように、人類のアセンションのプロセスを手助けするため協力してきました。私たちのそばには、いつでもすぐに個人的に助言を与え、ワークできる者が大勢います。私たちが請求する授業料は、あなたが自分の進化の通り道について理解を深めようとする気持ちと、あなたの偉大なる神としての自己に人間のエゴを快く明け渡すことだけです。あなたの変容とアセンションのために、あなたの現実に現われてくる流れに乗って進んでください。

私はエル・モリヤ、私の神の意志のダイヤモンド・ハートを通じて、いま皆さんと会っています。

第15章　アメリカスギからの、目覚めへの呼びかけ

私たちは「巨大な植物」です。ほとんどの人が長いあいだ忘れていた古代文明の、まさに生き残りです。何千年も経過して、私たちはまだここにいます。強欲なきこりたちのせいで、次第に私たちの数が減っています。彼らが私たちに関心を持つことといえば、日々、私たちの数を減らすことで得られるお金の額だけです。

牧神の魔法のような世界の時代に遡《さかのぼ》る何百万年間、集合的なディーバの知性の一つの種として私たちが存在したことで、この惑星に恩恵が与えられました。何百万年間もこの惑星の人びとは、私たちの保つ美しさや叡智と、私たちが居住する辺りから遠くまで広がる平和や調和の深遠な感覚に対して、大きな畏れと尊敬を抱いてきました。私たちとコミュニケーションできて、意識的にやりとりできる人たちは、私たちから贈り物と知識を受け取ります。ほとんどの人は知りませんが、私たちには分かち合える多くの知識と叡智があります。いつかあなた方はこの真実に目覚め、私たちの本当の姿と惑星に与えてきた重要な貢献をもっと意識すればよかったと思うでしょう。

私たちは、この西海岸の遥か彼方にあった古代のレムリア大陸で栄えました。

ひと頃は、私たちのスピリットと物理的な形態は、この惑星のほぼ至るところに広がっていました。現在では、私たちだけが、この惑星の地上のかつての栄光と美しさを伝えています。私たちは歴史の生き証人であり、あなた方の祖先やルーツ、そしてレムリア文明や他の文明にいた過去の自己と、あなたを結んでいます。世の中の人びとは、レムリアが跡形なく消滅した、と嘆き続けてきました。ですから私たちはあなた方に、私たちは世間に認められることなく、ここに存在している、と言いましょう。私たちこそが、一万二千年前に起こった大洪水の変化の生き残りであり、あなた方に恩恵を与えるために太平洋沿岸に留まってきたものです。なぜ、私たちを認めてこなかったのですか？　気づいていない現在の文明によって、私たちの種は徐々に崩壊しています。それにもかかわらず、種としての私たちは長いあいだ惑星に絶え間なく奉仕し、まさに今日まで、あなた方に供給しつづけてきました。それらの偉大な奉仕に対して、なぜ感謝しないのですか？

この惑星に奉仕してきた何百万年という間で、二十世紀のアメリカ人のように冷酷かつ無情に私たちを消そうとした文明を探そうとしても、見つけることはできません。私たちは産業という巨人の手によって、それも政府の完全な支援を受けて、組織的に除去されつつあります。政府は、圧力団体である搾取者のための短期利益ではなく、全体のための長期利益を支援する責任があります。少数の手に渡るほんの数ドルのために、あなた方は自分たちの古代遺産を抹殺し、あなた方を保護している存在たちを破壊しています。あなた方がしていることは、たとえていうなら、犬が食べ物を与えて可愛がってくれる人の手に噛みつくようなものです。

この国で現在行われている私たちの破壊について、考えようとする人はほとんどいませんでした。よく考えたのなら、地球にとってかけがえのないものが蹂躙《じゅうりん》・略奪されていると思ったはずです。

いつでも、どの時代でも、どの場所でも、私たちは敬われ愛されてきました。私たちはすべての人に自由に貢献することができて、それが地球からの贈り物でもあったからです。合衆国の西海岸は現在、古代レムリアの最後の宝が残されているところですが、およそ六十年前までは、何千エーカーに広がるアメリカスギがこの国の西海岸を飾って、恩恵を与えていました。いまや、わずかな細長い土地が貧弱に残り、見せるために点在しているだけです。ほとんど誰も真の美しさや価値に注意を払おうともしてこなかったので、あなた方の認識は真の美しさや価値から相当遠く離れています。あなた方は価値観をどこに置いてきたのですか？

「進歩」という間違った感覚のために、過去の美しさはほとんど失われ、ひどい醜さに取って代わられています。

一つの種としての私たちは、現代の科学技術によって破壊され続けてきました。なぜなら、あなた方は、この地球の宝物である私たちのスピリットが生き続けることに気づかず、何も考慮しないからです。材木業者の機械のノコギリが私たちの一人ひとりを完全に破壊するたびに、死んでいく木のスピリットは、私たちが愛され、尊敬され、感謝される場所で生まれ変わるために他の次元へ移動します。集合的なディーバの知性としての私たち種族は、この惑星や他の惑星の多くの高次元でも生きています。そこでは私たちは繁栄し、住民たちは私たちの存在と贈り物を大事にしています。私たちは地球内部や地下都市に大勢生きていて、その素晴らしい場所に住む、愛情に満ちた賢い存在たちの生活に恩恵を与えています。

友人たちよ、あなた方には学ぶべきことが山のようにあります。**いのち**の「本当の価値」についてです！　同もし私たちの言うことが厳しいと思うなら、私たちの言葉を目覚めへの呼びかけと受け取ってください。同じくらいの厳しい仕打ちを人類から受け続けている、この惑星上にある他の生命形態すべてを思いやってほしい、という訴えだと思ってください。最終的に、全生命と「一つであるという永遠の法則」を理解できるほどの高い進化状態に達すると、他者に与える愛と思いやりは、それがどんな形をとったとしても、同様に自分の利益でもあることが分かるでしょう。あなた方が地球とその多くの王国を破壊すると、最終的にそのエネルギーは自分に戻ってきます。次の転生で、自分が破壊しているものを受け取ることになります。これは宇宙の法則で、例外はありません。普遍の法則がこの宇宙を支配しているので、あらゆる創造はその法則を必ず適用しなければなりません。

悟りを得たどの社会でも、巨木という形態にいる私たちのからだを切る人はいません。私たちの転生が完了し、スピリットがこの形態から離れてから初めて、それも個人使用（個人の利益）で多目的に使われるときだけ、敬意をもって上手に木が切られます。また、私たちが提供する素晴らしい木材は、私たちのスピリットからこの惑星へ贈られた多くのものの一つでもあります。暴利を貪《むさぼ》る少数の者に独占され、大自然とディーバの進化に愛や関連のない億万ドル産業の会社によって売られることは、私たちの目的ではありません。私たちはすべてに属しており、どんな団体や産業にも、私たちを勝手に「私物化する」権利や「売却する」

権利はありません。

土地や動物の世話は、生命の進化の途上にある主要な通過儀礼です。

また、あなた方が土地の一部を本当に所有することは決してあり得ません。「神聖な権利」によって、すべての土地は母なる地球のからだに属しています。彼女が統治者です。もしあなた方が、ある土地の権利、または土地の一部を所有していると思っているのなら、せいぜいその土地の一時的な世話役にすぎません。あなた方は土地に対して行っていることを、高次の評議会にすっかり説明する責任もあります。悟りを得たどの社会でも、木材はよく考えて賢く利用されるので、すべての人に豊富にあり、必要なものは制限も不足もなく供給されます。

東海岸と西海岸とでは、ハリケーンやトルネード（訳注16＝巨大な竜巻）の活動が違うことに気がついたことがありますか？　毎年、西海岸では、東海岸で頻繁に起こるほどの大洪水にならなかったのはなぜかと、不思議に思ったことはありませんか？　あなた方に教えましょう。西海岸は私たちが現存するおかげで、毎年多くの潜在的大災害を引き起こさずにすんでいます。あなた方は自分たちの霊的な意識の欠乏を信じ込むようになり、私たちのことも自分たちと同じように考えていますが、私たちはそのような「単なる木」ではありません。私たちはそれ以上の存在です。木の形態は、大いなるスピリットが宿っている外側の殻にすぎません。私たちのスピリットは巨木の形態に具現化していますが、集合的なスピリットは広大で、力強く、賢く、包容力があります。あなた方の現在の限られた理解と進化の意識を遥かに超えています。

私たちアメリカスギは、西海岸の強力な守護者であり、ディーバです。

この国が大自然から多くの大災害を免れてきたのは、私たちがそこにいて、私たちの愛と強い保護力があったからです。大自然からの災害は、必ずエネルギーの不均衡によって引き起こされていることにどうか気づいてください。人類の創造エネルギーの悪用やネガティブな思考、お互いや他の生命形態すべてへの愛という特性が欠乏したことによって、不調和なエネルギーが地球のエネルギー・グリッドの中に蓄積されてきました。エネルギーの不均衡は、その蓄積された不調和なエネルギーの渦から起こっています。

私たちは住んでいる場所の大自然を調和させていて、私たちの影響は遠方にまで広がっています。数世紀にわたって、この巨大なからだに、不調和なエネルギーをたくさん吸い込んでくることができました。そのようにして、多くの自然災害の影響を西半球で緩和してきました。

川岸や海岸沿いに多数が存在したときには、太平洋やその他の岸沿いで、潜在的な災難や大災害を今よりもっと効果的に防いでいました。現在、あまりにも急激に日々、数を減らされています。このような地域での役割が考えられることもなく、また長期間、海岸を保護してきたことへの感謝もまったくありません。私たちの数の減少とともに、私たちの保護力もまた減少していることに気がついてください。これは私たちからの警告です。

私たちの数が減らされてきたので、これまで可能だった西海岸の保護は今までのようにはできなくなって

います。また、まもなく保護がさらに必要となるでしょうが、ますます難しくなります。

日々、確実に私たちの数を減らすことで、合衆国の海岸と西部の土地とその住人が、この数十年間と同じような、大洪水による災害に遭う危険性を増大していると付け加えたいと思います。

あなた方は、非常に長期間にわたってあなた方と海岸と土地を守ってきた守護者を、無頓着に、深く考えずに、日々破壊しつづけています。

私たちを単なる金儲けの材料としてしか考えない人たちの斧とノコギリによっていったん消滅したら、私たちはこの次元へは戻ってきません。生命への奉仕を続けて、私たちの目的を祝福し広めるために、どこか他のところへ行くつもりです。残りのものも、先に出発した私たちの種族の何百万という仲間に加わる予定です。私たちはあなた方と同じように、魂において不滅なのです。

私たちのからだの死は、すぐにあなた方が発見するようにこの国の「大きな損失」となり、この惑星の三次元にとっても損失となるでしょう。もし私たちがここですることが続けられないのであれば、愛と光と尊敬が行き渡っていて、私たちが感謝される、より快適な場所へ移動するつもりです。

時間を割いて私たちの呼びかけをハートと魂の奥で聞いてくれたことに対して、オレリア・ルイーズに感謝します。そして、手遅れになる前に人類に話したい、と長く願ってきた切迫したメッセージを書きとめてくれたことに感謝します。

私たちは、保護、愛、叡智、平和、調和、美しさ、木材、酸素をもって、あなた方を優しく支えてきました。あなた方の数多い転生のそれぞれで、何百万年もずっと景色に美観を添えてきました。私たちがあなた方を知っているように、あなた方は私たちを知っています。かなりひどい無意識状態に陥っているために、あなた方は自分のルーツや祖先を忘れてしまい、また親友も忘れてしまいました。

あなた方は、地球が自分たちの母であることをもはや認めていません。地球は、畏敬の念を起こさせる、高度の知性がある、最高級の、生きて呼吸している天界の存在です。言い換えれば、この太陽系とこの宇宙と他の遠い宇宙すべての多くの銀河の全惑星から、愛され、大事にされ、尊敬されている存在です。彼女は、非常に長い間、あなた方が彼女のからだに何をしてきても、とても大きな愛と豊かさと慈しみをもって、本当に無条件で、そのからだであなた個人の進化を支援してきた超自然的存在です。

あなた方が進化の道筋を進む手助けをするために、彼女は、自分のからだの一部が無数に傷つけられ、汚染され、破壊されるのを許してきました。あなた方は彼女の資源を略奪し、彼女の血である油を抜き取り、彼女の子どもたちを殺して切断してきました。

彼女はこの惑星で、進化中の人類の他にも、多数の王国の土地とその居住者をもてなしていますが、大勢の人はそれらを後先見ずに破壊しつづけています。あなた方は、動物王国の無邪気なものたちを残酷に扱い、互いに対しても野蛮に接してきました。彼女は多くの王国にいる存在のすべてを、それがたとえどんな形態をしていても、彼女の子どもと見なしています。彼女はすべてを平等に愛しています。この惑星で進化している全王国は、あなた方が知っていても知らなくても、またたとえどんな形態をしていても、ここで生きる平等な権利を持ってこの惑星を共有していますが、あなた方はそのことを忘れてしまいました。

私たちを含めた他の王国を虐待し、破壊するためのパスポートとして、この惑星の支配権が人類に与えられたことは、これまで一度もありません。

人類に与えられた支配権とは、原初の神性と無邪気さに戻るために、自分の「低次の性質」を統制することを学ぶパスポートです。私たちはこのチャネリングで、今日「ＳＯＳ」の叫びをあなた方に送ります。私たちから残せるものは、何でも保存してください。今、これまで以上に私たちの保護が必要になる時が迫っています。もし私たちの数が、地球の変化の間、必要な保護を与えるのに十分でなければ、あなた方にはほとんど理解できないでしょうが、そのときは私たちの保護の恩恵を受けずに、自分たちのカルマから生じた結果を防がなければならなくなります。あとになってから、あなた方は分かるでしょう！　魂の中で私たちに頼もうとしても、それでは遅すぎます。私たちのスピリットは真価の分かる、愛あるどこか他の土地で生き続けているでしょう。

私たちが存在することは、実際に一つの惑星に大きな贈り物を与えますが、それは一つの惑星に対して一度しか与えられません。私たちは、地球とその住人と他の王国に贈り物と愛を与えながら、何百万年も地上に存在してきたというのに、たった一世代に思慮がないために、もう少しで全滅しそうです！

虐待によって、いったん惑星から私たちの存在の恩恵がなくなったら、私たちはその次元には戻りません。

私たちはアメリカスギのスピリットです。とても長い間、あなた方全員を愛して大切にしてきた忠実な友人です。惑星の全文明をその始まりから見守り、育んできた賢い巨木です。偉大なる力と叡智を持つディーバで、この惑星の「保護チーム」の一員でもあります。私たちは、祝福された母なる地球に忠実なものです。

第16章　テロスに現存する図書館

こんにちは、友人の皆さん。

私はテロスの年長者のトーマスです。大陸崩壊のほんの少し前にこの山の内側に来て以来、ここに住んでいます。レムリアにおけるオレリアの最後の人生で、私は彼女の弟でした。彼女は私の姉として数千年間生きていました。当時、彼女は指導者の地位に就いていたのでとても忙しく、また弟の私も忙しかったのですが、彼女はいつも私のために時間をつくって、愛と思いやりをもって私に接してくれました。私はそのように彼女を記憶しています。

本日、たくさんの愛とともに私のエネルギーを地上の皆さんに伝えて、話しかける機会を持てたことをたいへん嬉しく思います。実際のところ、テロスでの一万二千年間はとても素晴らしいものでしたが、その一方で、地上の家族と分離している痛みを感じてきました。

できるだけ早くもっと接触できる状態で皆さんと再会できるように、ハートの中で準備を進めていくことには、大きな期待を抱いています。しかし、友人である皆さん、理解していただきたいのですが、現在の三次元の周波数の中では再会することはありません。皆さんが私たちに会うためには、最低でも、四次元への道の三分の二くらいまでは到達している必要があります。

一つの文明社会として再び一緒になるまでは、テロスの私たちの使命は完遂しません。皆さんとコミュニケーションしてきた者たちは、主にテロスの年長者です。テロスの年長者の全員は折にふれ、レムリア十二人評議会や都市の政府の地位に就いてきました。しかし今では退いて、若者にそれらの地位を譲ってきました。私たちは、誰もが、顧問後見人である年長者の指導下で指揮を執り、指導者の役割を経験する機会を与えられるべきだと考えています。

テロスの年長者のほとんどは、膨大な数の家族を持っています。子ども、孫、曾孫、さらに皆さんの次元では肉体的にはあり得ない世代の家族がいます。今、彼らは地上の生活を経験することにますます関心をかき立てられています。ほとんどの者が地上の生活をまだ望んでいませんが、そのような困難な状況で繰り返し転生してきた皆さんの勇気を、彼らはたいへん尊敬しています。ですから私たちは、とくに若者は、暴力がまったくなくなる日を本当に楽しみにしています。彼らは出て行って皆さんを援助したいと、ハートとマインドの中で願っています。

テロスでの私の職業の一つは、広大な図書館の責任者です。その図書館にはクリスタル板があり、そこにはレムリア文化の始まりから終わりまでの全歴史と、物理的な大陸の崩壊後にこの惑星内外で起こったことが漏れなく記録されています。地上の人類がほとんど知らない、この惑星の本当の歴史の全記録も含まれています。私は素晴らしい仲間たちと一緒に働いていますが、実に相当大規模なチームです。皆さんの真の知識と叡智を増やすために、かなり長時間せっせと働いて、皆さんが利用できるように全記録をさまざまな言語に複写してきました。

こうして、私たちの惑星である母なる地球と、過去から現在までにこの惑星で生きてきた多くの人間の驚くべき真の歴史に、皆さんがアクセスできるようにしています。

過去一万二千年の間、皆さんの歴史家は誰一人として、この惑星の完全で正確な歴史を知りませんでした。皆さんが知っていると思っていることはかなり限られていて、真実の歴史が歪められたほんの断片にすぎません。本当の記録が誰かに入手可能になって初めて、記録が開示されます。多くの歴史家が最善を尽くして、彼らなりに地球の歴史の見方を記述してきましたが、誰も霊的な進化をしていなかったため、地球の歴史の重大な断片にすら気がつかず、識別できませんでした。ましてや、全スペクトラムについてはいうまでもありません。

あなたがこのような探究を許されるときには、この情報すべてにアクセスできるようになります。控え目に言っても、そのとき皆さんが仰天し絶句することが分かっているので、もう顔がほころんでしまいます。

レムリア消滅に先立って、未来の世代の知識と叡智のために、全記録が保存されるべくテロスへ運び込まれました。私たちには現存する図書館があります。この惑星のためだけでなく、全銀河とこの宇宙全体のための図書館でもあります。レムリアとアトランティスの主要な二大陸がなくなって困乱が続き、たとえ記録が残ったとしても、ほぼ皆無に等しいことが私たちには分かっています。

この二十年かそこらのうちに、私たちの全記録の複製が地上へ再び紹介されて、誰でも望めば調べて学べるようになると、私は感じています。多くの叡智が、広範囲にわたるその正確な情報から得られるでしょう。それらのクリスタル板を読むテクノロジーもまた使えるようになるでしょう。一連の記録を読み終わると、この惑星の大部分について知ることができます。皆さんの利益のために、こうしてまとめるのは莫大な作業です。私たちはこの作業を楽しんでいて、また、近い将来に皆さんが地球の歴史にアクセスできるように、喜んでその手段を提供する準備をしています。

今日、三人（オレリアと二人の女性）を、愛を込めて抱きしめます。あなたたち三人は本当に内なる世界でのテロスの姉妹です。私たちは三人の方をそのように見ています。この本に惹かれる人が地上に非常に大勢いますが、あなたが意識していようといなくとも、あなたもまた姉妹です。皆さんが、アダマやアーナーマー、ガラティア、セレスティア、それにもうご存知のテロスにいる数人に対してオープンになっていることを私は知っています。もう自己紹介が済みましたので、ぜひ、私にも同じようにオープンになってくださ い。私は皆さん全員ともう一度つながりたいと熱望しており、喜んでそうします。皆さんの喜びと理解が深まるように援助します。再び会う日まで、あなたをハートで慈しみます。

第17章　アダマから終わりのご挨拶

このメッセージ集を締め括るにあたって、この本を読んでくださる全員の方に申し上げたいと思います。この本の出版を通じて「地上」で再び発言できることを、私はたいへん嬉しく光栄に思います。また、オレリア・ルイーズに深い感謝を捧げたいと思います。彼女は使命に間断なく専念し、彼女のすることがこの惑星上のすべての国に広がり、私たちのエネルギーと教えによって、人びとが大いに祝福される様子を心に描いてくれました。多数の最愛の魂があらゆる場所にいて、自分の中のレムリアの遺産にハートを開く準備ができています。私たちの本は、彼らの魂が大いなる深い目覚めのために必要としている記憶を呼び覚ますでしょう。

私たちの教えは広く遠くまで行き渡り、世界中で私たちとつながりのある人たちに届く様子が、私たちには見えます。そして何十万人という人びとの霊的自由への旅を手伝うでしょう。読んでくださる全員の方に保証したいと思います。たとえあなたがどこにいようとも、あなたが読んでいるとき、私たちはあなたのそばに一緒にいて、あなたのハートと意識がさらに大きな気づきへ開かれていくように、愛と励ましを送ります。

言葉とハートのつながりを通してあなたに伝えるエネルギーは、現在の人生経験に対するあなたの見方を永遠に変えるでしょう。この本全体で私たちが意図していることは、悟りを得た文明とはどのようなものなのかをあなたに教え、あなたが日常生活で、できる限り多くその原則を適用しはじめるように励ますことです。教えられたことを日常生活で活用するにつれて、人生がより簡単に優雅に流れていくのがすぐに分かるでしょう。皆さん全員が、光の領域にいる私たちと一緒に、この惑星を癒すことになるでしょう。宇宙の法則によって、私たちは皆さんの努力に合うものを見つけることしかできません。まもなく、今から数年後には、素晴らしい光の共同体を確立する方法を教えて、この惑星上の新しく永続的な黄金時代の土台を築くために、私たちの多くが、もっと接触できる状態で皆さんの中にいるでしょう。

皆さんの中に私たちが出現すると、私たちの帰還を待っている皆さん全員が、とても驚異的な経験を創造します。「地上」に私たちが姿を現わすということは、一つの文明社会として再び皆さんの中に混ざるということで、ほとんどの方が強く切望してきた再会です。私は皆さん全員に、私たちの出現のために道を準備するよう促します。私たちは、もう皆さんの中に混ざる準備が完全にできていますが、皆さんの側でも準備しなければなりません。現在のままでは、皆さんの世界は、私たちのエネルギーを直接受け取る用意はありません。皆さん全員にお願いします。初めに自分自身を準備するためにできることをして、それから個人および集団で、この可能性へ開く準備のできている周りの人たちにこのことを広めてください。

あなたの愛を輝かせて、私たちと最初に接触する人びとの「リスト」に加えてほしいと依頼してください。あなたがたとえどこに住んでいても、またどのくらい遠くにいても、まったく関係ありません。その時が来たら、この惑星上のどの場所でも、誰にでも接触することができます。私たちの「リスト」に載るために必要なことは、最初にそれを望み、意識を開いて神性を受け入れて、その次に私たちの出現への道を援助して、自己と人類に貢献することです。皆さんの現在の意識レベルで会うつもりがないことも、また覚えておいてください。あなたは、私たちの次元、あるいは最低でもその三分の二まで振動数を高めて、私たちを知覚しなければなりません。

今、テロスにいる全員が私に加わって、私の話している間に、愛、癒し、豊かさ、叡智、聖なる恵みという祝福を皆さんに送っています。あなたがどのステップにいても、私たちはあなたを援助できるガイドであることを知ってください。ただ依頼するだけで、あなたのハートを愛と思いやりの状態へと調整します。

私はアダマ、皆さんのレムリアの兄そして友人です。

アダマをチャネルすることについて

オレリア・ルイーズ・ジョーンズ

最近、アダマをチャネルしていると主張する人が増えています。インターネット上では、あらゆる種類のメッセージが、アダマの名で語られているようです。私の知るいくつかのケースは本物ですが、その他はそうではありません。

アダマやアーナーマーの名前を使って、他の著者によって出版されているいかなる情報にも、私は責任を負いません。その情報は本物かもしれませんし、そうでないかもしれません。

フランス語でテロスの本二冊（一、二巻）が出版されてから、驚くべき数の人びとが突然、自分はアダマやアーナーマーの新しいチャネラーだと主張しはじめています。私の代理人になったと主張する人さえいます。インターネット上で今、あらゆる種類のチャネルされた情報が流れていて、とくにニュースグループでアダマの名前を見かけます。愛を感じられて、ハートから来ているように見えるものもありますが、一方では全然違って、レムリアの波動ではないものもあります。残念ながらそのせいで、真面目な真の探究者と、真偽の識別が十分にできない発達中の人たちがとても混乱しています。

アダマの名前で書かれたチャネリング情報を識別したいという質問が、よくアダマに寄せられます。誰が信頼できるのか、また本当にアダマをチャネルしている人たちと、ただ自分自身やアダマのふりをしている波動の低い他の存在をチャネルしている人たちとを、どのように見分ければよいかと尋ねられます。

誰が本物で誰がそうでないかの識別、また他者の意図を判断することのいずれも、私には必ずしも容易なことではありません。判断するということには、常に罠がありますから。それぞれが自分の識別力を訓練しなければなりません。そうすることで霊的な熟達度が上がります。

――以下は、アダマから、述べておく必要のあることです。

皆さんには知られないままでいなければならないさまざまな理由のために、私は現時点でこう述べたいと思います。本を出版する意図を持ち、または私の名前で公の活動に参加する私の公式のチャネラーを、オレリア・ルイーズ・ジョーンズ以外には認めません。もしこのような許可を見境もなく認めるとしたら、情報の真偽を識別する必要のある、霊的発達段階にまだ達していない人たちを極度に困らせることでしょう。

私たちの教えが再び歪められ偏る危険性があるとしたら、まだ通過儀礼や、私たちの情報の成果を出すための内的な訓練を受けていない人たちの手によって、その危険性は大いに増加するでしょう。また過去に意識的にしてきたように、真実でないもので、私たちの教えを再び変造する個人的な課題《アジェンダ》を持つ人びとを招くことになるでしょう。私たちのもともとの教えがもはや存在していないのは、このような理由によります。

これらの教えが要求する明断さと誠実さのない人びとによって、教えは繰り返し改悪されてきました。私たちは、絶対に、二度とこのようなことを望みません。

レムリアの意識をもたらす私たちの教えは、もともと神聖なる源から来ています。もし私たちの教えを伝える人を多く許可すると、教えが再び歪められてしまうかもしれません。とくに人気が出てきたテーマから、ただ利益を得たいと思う人びとが歪曲させる可能性があります。このようなことがもし起これば、私たちが届けようとしている人びとや、本当に私たちを求めている人びとのハートや魂にかなりの混乱が生じるでしょう。

どのくらいかは決めていませんが、ある程度の期間、この仕事を私たちと一緒に行うことを生まれる前に契約したオレリアに限定しているのは、このような理由があるからです。

適切な準備や明確な招待もせずに私をチャネルする人や、小さなグループの範囲を超える人、誰かを慰めるために必要な援助となる特別なメッセージの範囲を超える人は、ただ幻想を表現しているだけです。なぜかというと、私がいつでもそこにいるわけではないからです。もし私がそこにいるとしても、私がメッセージを与えることが常に適切であるとは限りません。私たちは、レムリアのエネルギーに最高の誠意を持たないチャネラーの言うことを聞いてほしいとは思いません。また真実でないなら、テロスのアーナーマーや他の者や私自身を装うことも、絶対に望みません。

商品の売り込みや詐欺を働くために、私の写真を使って、私の名前で宣伝を書いている人たちもいます。親愛なる皆さん、どうか分かってください。私はそのような試みには加わりません。また、間違いなく、とくに誠実さのない人たちのために商品の販売はしません。

本物ではないチャネリングは、すべて個人的な課題の波動を持っていて、霊的な罠になる可能性がありますす。レムリアとアトランティスの両大陸崩壊に寄与した存在の多くが現時点でまだ転生しており、光が入ってくるのをまた止めようとしていることに気づいてください。また彼らは、レムリア人の出現をできる限りの方法で食い止めたいと望んでいます。よく光の天使のふりをして、皆さんを救助しに来ようとして、あらゆる方法で皆さんをそそのかそうとするでしょう。騙されないように、そしていつもハートで識別してチェックするようにしてください。

友人である皆さん、現在、惑星と皆さん自身の個人の進化に対する掛け金は、非常に高くなっています。いつも複数の方法で識別テストをして向かい合うことを意識してください。犠牲者意識を受け入れないでください。マスターとしてのあなたの神聖な力の中で、主権を握るようになってください。

皆さんのハートに直接つながって話をするのは、いつもとても嬉しいことです。時々、あなたに個人的にメッセージを吹き込むのも、また小さな集会やグループの中で、誰かが私の伝えたいことに同調してくれるのも、また楽しいことです。時々、私は皆さんの集まりに出席して、私のエネルギーと愛を参加者全員に放射していますが、黙っているので誰も気がつきません。あなたの変容のためには、私たちのもたらすエネルギーの方が言葉より重要なこともよくあります。しばしば言葉に制約されることもあります。これらの貴重な瞬間を受け取って大切にして、ハートの奥で同調したものを保つようにしてください。私たちから直接受け取るすべてのことをインターネットやどこか他のところで広める必要はありません。多くの場合、伝達の内容はそこにいる人たちに直接関連していて、そのときその場にいた人だけに適切なので、公的に普及させるつもりはありません。

私はまた、テロスでは私だけが公の目に入るように志願したということも付け加えたいと思います。他の者は、とくにアーナーマーは、まだ私と同じように公に出る選択をしていません。それはただ単にその時期が来ていないからです。アーナーマーは、現時点では自分の写真を「商品化」させるつもりはありませんし、また彼は、ハートの最愛の人であるオレリアと彼女の文章のために、時折あちこちのチャネリングに出る以外には、公へ出たいとは思っていません。

アーナーマーと私自身は、レムリアの波動の誠実さと透明度で人生を具現化していない人たちを通してメッセージを出す気は一切ありません。瞑想中にあなたのハートが私たちのハートに同調するときには、私たちは喜んで個人的なメッセージを与えます。あなたがそれらのメッセージを他人に話すか、そうすべきでないかを識別することを心掛けることは重要です。

私たちと光の領域にいる他の存在からのメッセージのすべては、叡智の鍵を必ず含んでいます。あなたは自分の発達のために、その叡智の鍵を統合する必要があります。そうでなければ、その鍵は自己実現の道における次のステップへの道筋を示しています。精神体に情報をより多く蓄えるためだけに次々とメッセージを探し続けることよりも、すでに受け取ったものを十分に統合することの方が、いつでもより重要です。

もし、すでに受け取ったものを意識の中で統合しないのなら、それは頭の中でガラクタとなり、必ずしもあなたの役に立つとは限りません。

レムリアのハートは、分かっていても分かっていなくても、皆さん一人ひとりの中に存在しています。オレリア・ルイーズ・ジョーンズと彼女のそばで働く人たちと一緒に、あなたの神性の完全性とあなた自身の旅の神聖さへと、あなたが再び目覚める手伝いをすることが、私たちの聖なる使命です。

エネルギーの出所の不確実さに煩わされて、理解を広げるエネルギーに開こうとする気持ちが脅かされるべきではありません。したがって、読む内容や聞く内容に「ハートの中で真実のベルを鳴らさせなさい」と皆さんに言い続けます。なぜなら、ハートの中に、ハートの中だけに、本物があるからです。唯一、あなたのハートだけが神聖なものの波動のすべてを識別することができて、今という瞬間であなたにとって最も適切なことを決めることができます。

どうかためらわずに、ハートの中で私たちにガイダンスを求めてください。私たちは必ず応えます。

私はアダマ、人類の教師です。

テロス・ワールドワイド・ファンデーション

使命

私たちは、テロスからの情報と教えを広めることに専念し、レムリアの兄弟姉妹が地上にやがて出現して、再び一緒になるために準備をしている非営利団体です。

目標

私たちは以下のような事柄を目標にしています。

* カナダと世界におけるレムリアの使命の拡大
* テロスについての著述やワークの支援
* 組織を準備しテロスの教えを促進する他のグループ、とくに国際的グループの支援
* 教えと仲間のためのセンター構築
* 目標達成のために必要な資金の調達

住所：Telos World-Wide Foundation, Inc.
Center 7400
7400 St. Laurent, Office 226
Montreal, QU-H2R 2Y1-CANADA

電話番号：（001 Intl.） 1-514-940-7746

Eメール：info@fondationtelosintl.com
info@telosmondiale.com
fondation@lemurianconnection.com

ウェブ・アドレス：http://www.fondationtelosintl.com
http://www.telosmondiale.com/index.php

Telos-France

Gaston Tempelmann, president
http://www.telos-france.com

訳者あとがき

ハートに響く本です。

ぜひ、ハートを開いて、アダマたちのハートにつなげてみてください。私からも、お勧めします。

私はこの本を読んだとき、すごく胸が熱くなり、「この本を訳したい！」という強い思いが湧き上がりました。ハートがあまりにも強く反応しつづけるので、これを無視したら、二度と「一番やりたいこと」は来ないだろう、と思ったほどです。それで、大天使ミカエルとアダマたちを呼んで、「私とすべての人にとって最善なら、翻訳させてください」と宇宙に依頼し、本をハートの姿に変えて、ハートが日本中に飛んでいくイメージを描きました。読む人のハートに響くように、レムリア人からの愛とエネルギーを最大限に流したいと思ったからです。

私はかなり強烈にアダマに反応したのですが、あとになって、私はレムリアのどこかの時代でアダマの子どもだったことがある、とアダマから教えてもらいました。癒しの大神殿へ行くワークがありますが、いつも神殿の前でアダマに頭を撫でられる姿が浮かんで、子どもの気分になっていたので、やはりどこかで感じるものなのだと納得しています。

その後も、アダマの夢を見たり、アダマからのエネルギーを感じたりしました。

二日続けて、アダマの夢を見たことがあります。

子どもの気分が戻ってきた頃がありました。眠る直前にアダマに頼んで、心の中で手をつないでもらってから眠りについていたのですが、二週間くらい続いたでしょうか。ある日、ベッドで寝ている私の左手が見えない手でしっかりと握られていて、温かい確かな感触がありました。人違いは嫌だと思い、「あの、アダマがいいんですけど」と言ったところ、手はそのままだったので「アダマなんだ」と安心した夢です。夢の中なのに感触がリアルでした。なるほど、夢なら三次元の制限はないから、五次元の存在にも触れるんだな、と目覚めてから思ったことを覚えています。

その翌日には、アダマが私の後ろに立って、私を保護している姿を夢で見ました。二日続けて夢を見たので、ちゃんとサポートしているよ、という合図をもらったのだと思っています。

また、夜眠る前のリラックスしたときに、酸欠になって酸素を求めるような勢いで、突然「アダマを呼ばなければ」と思ったことがたまにありましたが、そういうときには、アダマからエネルギーが送られてくるのを感じました。「アダマに会いたい」と唐突に思ったこともありました。でも、ある程度の期間が過ぎたら、何も起こらなくなったので、おそらく何かが癒されたのだと思います。

ですから、誰でもハートを開いてつながると、どのように援助されるかは人それぞれでしょうが、感じても感じなくても、本当に援助されると思います。

ただし、援助を受けることは、依存することではありません。

ある日、心の中でアダマを呼んで、アダマの姿を浮かべようとした途端に、ドアほどの大きさの巨大な鳥の羽が、アダマの姿を遮《さえぎ》ったことがありました。直感的に私の天使だと分かったので、すぐやめました。アダマが羽の向こうから、「どんな状況でもいつもエネルギーは送っているからね」とメッセージをくれたような気がしたので、安心感はありました。でも面白いことに、翌日からアダマを呼ぶ気も、ワークをする気もパタッとなくなり、次にアダマを呼ぼうと思ったのは、一カ月以上先で、それも実際に翻訳作業を開始する直前です。

天使が無言で「アダマを呼ぶのはやめなさい」と言ったのは、きっと、そのとき私がやや依存傾向にあったからでしょう。天使のメッセージがすぐに分かり、自分でも心理的に呼び過ぎたと認めたのは、依存しないようにしようと頭では思っていたからだと思います。

おそらく、この本を読んで、埋もれていた感情が表に出てくる方が大勢いらっしゃると思います。人によっては、長期間続くかもしれません。アダマは「涙が流れるなら、心ゆくまで涙を流しなさい」と言っています。それはそのとおりですが、少しつけ加えたいと思います。ある程度の期間が過ぎてプロセスがかなり進んでも、もしアダマや昔のレムリアに浸って、そこからなかなか抜け出せないのであれば、客観的に眺めて、何かに依存していないかどうか、なぜ昔のレムリアにしがみついているのか、自分の状態をチェックするといいかもしれません。

また本書は、あらゆる癒しのために、癒しの大神殿のワークを紹介していますので、とくに感情が出てくる方には、癒しの大神殿のワークをお勧めします。あともう一つ、常に自分と「大いなる自己」との関係を認識していることが大切だと思います。そうすると、自分がプロセスの渦中にいても、その自分をまた外側から見ることができると思います。

いろいろ述べましたが、この本を読むときには、頭でなく、ハートで感じて読んでいただければ、と思います。読んでいるときには、アダマたちがエネルギー・フィールドに一緒にいる、とアダマが述べています。ぜひ、アダマたちレムリア人と一緒に時を過ごして楽しんでください。

ところで、なんとなくですが、日本にはレムリア的な雰囲気があるような気がします。私のレムリアのイメージは調和や愛で、とても穏やかで精妙な雰囲気を持っています。日本の和の精神は、もしかしたらレムリアから来たのかもしれない、と想像しています。レムリアのメッセージは日本人に受け入れられやすいのではないでしょうか。日本がレムリアの調和や愛を受け入れると、和の質が向上して、日本の本領が発揮できるのではないかと思っています。

また同時に、日本は技術力の進んだ文化を持ち、アトランティス的な面もあると思います。日本はその両方の良いところを統合できる国のような気がします。本書に出てくる新しいレムリアとは、昔のレムリアという枠の中にあるのではなく、地球にいるすべての人が一つの家族になることを意味しています。レムリア的であるということは、枠をつくらず、すべてを受け入れて調和するあり方といえるでしょう。

しかし、本書にも書かれているように、レムリアなどの超古代文明は一般的には知られていません。この本では、なぜレムリアが忘れ去られたか、レムリア沈没の様子はどうだったのか、ということが説明されています。その情報を読んで意識することが、無意識の中でトラウマになっている感情を解放するきっかけになると思います。癒しの大神殿へ行く瞑想も紹介されていて、レムリア沈没時のトラウマを癒すことは、本書の主要な内容の一つです。

眠りにつく前に依頼するだけで、肉体が眠っている間に大神殿へ行く方法も書かれています。このようなワークが慣れていなくて、やりにくい人も、一言依頼するだけなので、簡単に大神殿に行けます。私も、眠っているときに行く方法をより多く使っています。漠然と、「いま解放できる適切なものを解放してください」と依頼したら、何回か、過去生でのネガティブな感情の夢を見たことがあります。ただレムリア人とのつながりを強めるために行ってもいいそうですので、どうぞ気軽に試してください。

本書は地下都市「テロス」について紹介しています。「テロス」(Telos) は、カリフォルニア州のシャスタ山の地下にある五次元のレムリアの都市です。地下にも、地球の中心部にも、その中間部にも、このような光の都市がたくさんあるそうです。この情報に惹かれる人の多くは、テロスや他のレムリアの都市にかつての家族がいるとのことですが、嬉しいことに、日本に出てくるレムリア人は、日本語を話してくれるそうです！　日本語でどんな話をしてくれるのでしょうか、すごく楽しみです。

さて、この本の大きな特色は、アセンション (次元上昇) をした後の五次元での社会生活が書かれている点です。私は十数年間、精神世界の分野の書物や情報を読んできましたが、これまでアセンション後の社会生活を詳しく説明した情報は見たことがありません。これは読むだけでも面白い情報です。

昔の情報では、アセンションをすると光の体になって消えるようなイメージがありましたが、それは三次元側から見たら、そういうふうに見える、という説明だったことに気がつきました。アセンションする当人からすれば、プロセス中でもアセンション後でも、いつでも自分というものをリアルに感じている、ということが、この本ではよく説明されています。ですから、五次元の生活といっても、今の生活の延長上にあるので、今の生活がとても大切だ、と私は感じています。

アダマたちは、私たちに「アセンションして、五次元のレムリアや他の光の文明と合流しませんか」と呼びかけていますが、五次元でのアセンション後の生活の様子が説明されているので、イメージが描きやすくなっています。今までの歴史を見ても、人類が夢見たことは、すべて実現してきています。夢を描くことは、私たちの想像以上に大きな力を持っているようです。精神世界の分野では、現実創造の仕組みとして、意図が現実をつくるといわれています。次元が上がるほど、思ったことがすぐに実現するようになっていきます。

ですから、何を思うのか、ということは非常に大切です。今まで考えたことのなかった五次元の生活を大勢の人が夢見るようになるということは、意義深いことです。アダマが「文章や教えを通じて眠っている人びとに伝えるかどうかだけが問題だ」と述べているのは、そういうことだと思います。大勢が思えば、現実がそのようになるからです。

アセンションについては多くの書物が出ていますが、初めて読む方やあまり詳しく知らない方のために少し説明を加えたいと思います。

アセンションは、三次元から（四次元経由で）五次元に移行することを意味しています。本書にも説明されていますが、今という時期は、地球がアセンションする周期に入っていて、宇宙から膨大なエネルギーが注がれています。人類にとってはアセンションしやすいエネルギー環境となっており、以前には考えられなかったほど短期間でアセンションが可能になっていると述べられています。

地球の磁気網（マグネティック・グリッド）を調整しているクライオンという存在が、チャネラーを通してメッセージを伝えているのですが、一九八九年から二〇〇二年にかけて、地球の磁気網を再調整し、磁場を変更したそうです。人類の覚醒のためだと言っています。人間の細胞（ＤＮＡ）は磁気の性質を持つので、磁気網の変化によって、新しいエネルギーが届くようになり、ＤＮＡの変化が可能になったと説明しています。いま地球には宇宙から年々、ものすごい量のエネルギーが届いている、といわれています。たとえ意識していなくても、例外なく、誰もがすでに新しいエネルギーを受け取っています。

アダマは「ベール（私たちの現実と他の次元の世界を隔てているもの）とはＤＮＡの遮蔽である」と一言で説明しています。実に、分かりやすい説明です。本来のＤＮＡの数はもっと多いことも述べています。ですから、アセンションをDNAから説明すると、他の機能していないDNAを活性化することです。クライオンも、「残りのDNAは他次元的なもので、それらのDNAを活性化するために必要なことは意図だ」と言っています。

アダマはまた、アセンションを「自己発見の旅」にたとえています。アセンションのプロセスは個人的なもので、「本当の自分」というものを考えはじめて、自分について「ああ、そうか」と気づいていくことだからです。この「ああ、そうか」と発見する瞬間は面白いものです。アダマは意識について章を設けて原則を説明し、さらに宿題まで出していますが、意識がそれだけ重要だということでしょう。また、自分で考える、ということがとても大切だということです。

三次元から五次元へ移るというと難しく聞こえますが、アセンションとは意識を広げることだ、と私は思っています。自分が今まで当然だと思っていた意識の枠組みを広げるということであり、古い信念体系を手放す必要があります。アセンションとは古いものを手放すこと、と感じる人もいるかもしれません。

この本では、「大いなる自己」など、自分の神聖な部分を表わす言葉がたくさん出てきますが、ご自分の分かりやすい言葉に置き換えた方が読みやすければ、どうぞ頭の中で置き換えて読んでください。「大いなる自己」という概念を受け入れるのが難しい人は、まず「大いなる自己」というものについて考えはじめる必要があるかもしれません。逆に、「大いなる自己」の概念には抵抗がなくても、自分をどこかで否定している部分があるなら、自分をすべて受け入れる必要があります。

私自身は「大いなる自己」となかなかつながらないなぁ、と長年思ってきたのですが、自分の感情や本音をきちんと感じていなかった、ということにやっと気づきました。「大いなる自己」は決して自分と分離しているものではないので、自分の感情を通して語りかけてきます。自分を無視または拒否している部分があると、いつまでたっても「大いなる自己」が自分に語りかけることに気がつきません。肝心の自分という核がないからです。自分をそのまま受け入れると、「ふつう」でいいということが分かります。実はもともとつながっているわけですから、つながっていないというのはただ認識の問題かもしれません。内側の「ああ、そうか」という感覚でつながっているのだと分かってきたところです。

このように、アセンションとは特別な能力を求めたり、難しいことをすることではなく、「本当の自分」と「自分」の関係について、自分で発見していくことです。そうすると心身ともに軽くなっていくのですが、その途中に、アダマが玉ねぎの皮むきにたとえたように、堆積したさまざまなネガティブな感情などが解放されるプロセスがあります。そのときには、しがみつかない、という態度が役に立つと思います。

もし本書を読み終わったあと、アセンションに興味は持ったけど、どこから始めたらいいか分からない、という方がいらっしゃったら、日常の自分の感情と信念体系を調べることからスタートするといいかもしれません。何か不快な感情が出てきたときは、自分について調べる良いチャンスです。感情は、期待どおりにならなかったときに出てくることが多いので、どんな期待や考えを持っているのか、と自分に問いかけると、自分の持つ思い込みや信念体系が見つかります。分かれば、手放すことができます。または、感情の下にある感情を探っていくと、元にある自分の欲求に気がつくかもしれません。

あるいは、自分の人生の中で、どの分野が一番うまくいっていないのかを考えて、そこから取り組むのもいいかもしれません。たいていは、今いる地点にやることがあります。

または、どこかワークショップへ行ったり、本を読んだりしたくなるかもしれません。誰かに話を聞きたいかもしれません。心惹かれることが出てきたら、そうしてください。

本を読みたくても、どんな本がよいのか分からない、と思う人もいるかもしれませんが、自分に合う本は、自分が一番よく知っています。手に取ってなんとなく面白そう、と思うかもしれませんし、なぜか目が行く本があるかもしれません。友達が貸してくれて、本の方から来るかもしれません。

人それぞれプロセスが違います。意識を広げるために、適切な情報を適切な時に読むことは役に立ちます。ワークが必要なときもあるかもしれません。しかし、人の話を聞いたり本を読んだり、マスターや天使たちに援助を依頼しても、道を歩くのは自分です。必ずハートでチェックして、自分の真実に合うものだけを取り入れてください。真実は人によって違うからです。また、新しい真実が次々ともたらされています。真実も変わるかもしれません。常に、自分のハートに従うことを忘れないでください。

さて、本書の二巻目について少しだけご紹介すると、アダマからのメッセージの他に、テロスにいる子どもたちや、青い竜、クリスタルなど、さまざまな存在からのメッセージもあります。私のお気に入りは、青い竜からのメッセージです。レムリア時代には、人間は竜の背中のくぼみに乗せてもらって空を飛んだそうです！　二巻もお楽しみに！

二〇〇七年四月

片岡佳子

レムリアの真実

シャスタ山の地下都市テロスからのメッセージ

訳者紹介

片岡佳子（かたおか・よしこ）

東京生まれ。津田塾大学学芸学部英文学科卒業。大手企業のシステム業務、筆跡診断士を経て翻訳業へ。

2007年５月18日　第１刷
2023年５月30日　第６刷

［著者］
オレリア・ルイーズ・ジョーンズ

［訳者］
片岡佳子

［発行者］
籠宮啓輔

［発行所］
太陽出版

東京都文京区本郷3-43-8　〒113-0033
TEL 03（3814）0471　FAX 03（3814）2366
http://www.taiyoshuppan.net/
E-mail　info@taiyoshuppan.net

装幀＝田中敏雄（3B）
［印刷］シナノパブリッシングプレス［印刷］井上製本
ISBN978-4-88469-512-5